Hans-Joachim Selenz · Wildwest auf der Chefetage

Hans-Joachim Selenz, Jahrgang 1951, studierte Eisenhüttenkunde an der TU Berlin und promovierte dort im Jahr 1980. Er war Vorstandsvorsitzender der Preussag Stahl AG/Salzgitter AG (1994–1999), Mitglied des Vorstands der Preussag AG (1996–1998), Mitglied des Vorstands des Automobilentwicklers EDAG (1999–2001) und ist seit 1998 Honorarprofessor an der Universität Hannover. Zurzeit widmet sich Selenz der juristischen wie publizistischen Aufarbeitung von Betrugsvorgängen in großen deutschen Publikumsgesellschaften. Von Hans-Joachim Selenz erscheint außerdem: *Schwarzbuch VW. Wie Manager, Politiker und Gewerkschaftler den Konzern ausplündern.* Frankfurt, Eichborn September 2005.

Ulf Mailänder, Jahrgang 1956, studierte Germanistik und Politologie in Berlin. Nach der Tätigkeit als Redakteur und Geschäftsführer eines Alternativverlags lebte er als Aussteiger auf einer Kanareninsel. Seit 1993 arbeitet er freiberuflich als Coach und Autor an den Schnittstellen von Wirtschaft, Psyche und Gesetz. Veröffentlichungen u. a.: *Bekenntnisse eines Baulöwen* (Autobiografie von Jürgen Schneider, Ullstein Verlag), *Im Dschungel der Freiheit* (Ratgeber im Eichborn-Verlag).

Hans-Joachim Selenz

Wildwest auf der Chefetage

Schröders Kampf um Salzgitter und die Kanzlerschaft

Unter Mitarbeit von Ulf Mailänder

Alle in diesem Buch aufgezeigten Abweichungen von den Vorgaben des Aktiengesetzes und des Strafgesetzbuches liegen den zuständigen Strafverfolgungsbehörden schriftlich dokumentiert vor.
Zahlreiche Dokumente finden Sie auch auf der homepage des Autors unter *www.hans-joachim-selenz.de*.

Weitere Informationen über den Verlag und sein Programm unter:
www.buchmedia.de

Bibliographische Information der Deutschen Bibliothek

Die Deutsche Bibliothek verzeichnet diese Publikation
in der Deutschen Nationalbibliographie;
detaillierte bibliographische Daten sind im Internet
über <http://dnb.ddb.de> abrufbar.

August 2005
Buch&media GmbH, München
© 2005 Prime Communication Ltd. London
Umschlaggestaltung: Kay Fretwurst, Freienbrink
© Umschlagfotos: picture-alliance/dpa
Die Titelformulierung »Wildwest auf der Chefetage« erfolgt mit freundlicher Genehmigung des SPIEGEL-Verlages, Hamburg
Herstellung: Books on Demand GmbH, Norderstedt
Printed in Germany · ISBN 3-86520-140-7

Inhalt

Prolog 7

Der Schatz im Rübenfeld oder: Piepers Portokasse 14
Verwegene Pläne · Treue Hände – lange Finger? · Kaufen ohne Geld · Leichen im Keller · Neues Schiff, alter Kapitän

Der »Pate« am Rhein und sein Mann an der Leine 21
Ein ungleiches Duo · Gerhard Schröder, eine schillernde Figur · Wechsel an der Konzernspitze · Schrumpfende Schätze · Stahl ist Trumpf · Erst fliegen, dann auffliegen · Der »Pate« und sein Patron · Stahl im Angebot · Der tapfere Schwabe

Das Geheimtreffen 31

Jagd in der Eifel 34

Schröder wird zum Stahlmann 36
Fünf Tore! · Blackout · Hände weg vom Stahl

Unerhörte Geständnisse 40
Kollege Schultze verplappert sich · Noch eine Jagdgeschichte · Bargeld lockt

Der Stahlmann in Aktion 45
Der »Pate« grummelt · Gestaltung, Umgestaltung · Polizeischutz

Stahlverkauf zum Ersten 53
Gestohlenes Tafelsilber · Invasion aus den Alpen · Kohle ohne Ende

Stahlverkauf zum Ersten............................ 53

Der Gegenangriff 58
Fakten für die Akten · Du hast keine Chance ... · Bei Schröders unterm Dach

Ein Wolf wird zum Leitwolf
oder: Stahlverkauf zum Zweiten 64
Der verrutschte Heiligenschein · Bebende Sahneschnittchen · Heiße Luft · Bodo schlägt eine Bresche

»High Noon« im Aufsichtsrat 75
Unternehmensetikette · Bilanzmanipulationen · Kleine Geschenke ... · »Korrupte Schweine« · Saubere Zahlen – nein danke! · Poker mit offenen Karten · »Gute Nacht Deutschland«

Der Kandidat schlüpft in die Kanzlerrolle 84
Der Wahlgewinner · Doris und Gerhard heiraten · Frischer Wind in NRW

Der Börsengang 91
»Gewissermaßen schon tot« · Bodo im Schussfeld · Die Abhöraktion · Preis-Poker · Störwarnungen · Der Tag der Emission · Der Torpedo schlägt ein · Erste EKO-Gespräche

Im Zweifrontenkrieg 102
Potsdamer Gespräche · Bodo bläst zur Attacke · Der SPIEGEL als Genossendolch · Tietmeyers Kommentar · Waffengeschäfte · Unordentliche Ordner

Der Verkauf geht weiter
oder: Der Rausschmiss steht vor der Tür 110
Aller schlechten Dinge sind drei · Provinzfürsten im Schlaraffenland · Putschversuche · Rau for President · Gerichtsakten · Gepflegte Presse

Der Wind schlägt um 116
Nachbeben im Landtag · Konkurrierende Staatskonzerne · Sigmar Gabriel oder: Ein Chaot sorgt für Ordnung · Trennung trotz Treueschwüren? · Zoff im Wirtschaftsausschuss · Glogo wird sauer · Galgenfrist für den Rebellen · Glogo will raus · Vorstandsturbulenzen · Arbed – ja bitte! · Chaos bricht aus

Die Galgen-Show oder: Vertauschte Rollen 130

Letzte Klärungen 133
Mit Schröder in Moskau · Gerhard hört zu · Gipfelroutine · Wodka und Gurken · Schlau wie Oskar · Das Kanzleramt schweigt

Epilog: Mensch, Gerd, wo bist Du? 141

Personenregister 144

Prolog

Die Schlagzeilen der aktuellen Tagespresse im Sommer 2005 können einem braven deutschen Bürger den Schlaf rauben: Die Rede ist von Korruption, Bestechung, Erpressung, schwarzen Kassen und Prostitution. Stätten dieser kriminellen Vorkommnisse sind aber nicht etwa die dunklen Hinterzimmer der Wettmafia oder die Hauptquartiere der Drogenkartelle – es sind die Chefetagen deutscher DAX-Unternehmen. Namen wie DaimlerChrysler, Infineon, Preussag/TUI und Volkswagen stehen urplötzlich im Ruch »ehrenwerter« Gesellschaften. Teile des Topmanagements deutscher Weltfirmen sieht man in die Nähe mafiöser Strukturen gerückt. Noch vor einigen Monaten hätten die wenigsten unserer Landsleute dieses für möglich gehalten. Ein Name wie Hartz bekommt einen ganz neuen Klang. Man fühlt sich fast wie in einer Bananenrepublik.

Nun sind diese Entwicklungen – »natürlich« möchte man fast sagen – nicht neu. Die kriminellen Strukturen in deutschen Unternehmen, die uns derzeit erschrecken, sind über einen Zeitraum von Jahren, wenn nicht Jahrzehnten entstanden. Frühere Stationen waren die Vorgänge bei Ex-Mannesmann bei der Übernahme durch Vodafone und der Skandal um die Berliner Bankgesellschaft, bei der eine Riege noch immer nicht verurteilter Bankmanager den chronisch klammen Berliner Landeshaushalt mit milliardenschweren Haftungsrisiken belastete.

In der Vergangenheit gab es schon immer Manager, die als Insider der »Szene« auf diese kriminellen Entwicklungen aufmerksam gemacht haben, was für diese Zeitzeugen bis dato aber eher ein Spießrutenlaufen bedeutete. Nur wenige deutsche Staatsanwälte haben hinsichtlich krimineller Strukturen in deutschen Unternehmen bislang seriös ermittelt – dazu später mehr.

Als Ankläger krimineller Vorgänge auf deutschen Chefetagen stand man unversehens einer Phalanx von Gegnern gegenüber, die alle nur ein Ziel hatten: das Ansehen der Republik zu wahren. Ehe man sich versah, war man als Ankläger zum Besserwisser, Querkopf oder gar Querulanten abqualifiziert und von den »konstruktiven« Kräften quasi als »notorischer Nestbeschmutzer« enttarnt.

Ein weiteres gern gebrauchtes Totschlagargument gegenüber Zeugen krimineller Vorgänge auf deutschen Chefetagen war der Vorwurf, man wolle sich rächen. Demgegenüber traten sogar gefälschte Geschäftsberichte und Schwarzgeldmauscheleien in den juristischen Hintergrund. Derweil wuchsen die Missstände fröhlich und ungehemmt weiter. Es bedurfte erst einer Eruption im Ausland und der Sex-Schmuddelgeschichten des Herrn Dr. Hartz, um das ganze Ausmaß der kriminellen Vorgänge sichtbar werden zu lassen. Das Platzen der VW-Betrugsblase in Indien verlangte in der Folge dann auch das Einschreiten der VW-Konzernspitze.

Der VW-Vorstand musste hochrangige VW-Mitarbeiter anzeigen, die über »Herrschaftswissen« verfügen; für den Vorstand von der Wirkung her einem selbst aufgesetzten Kopfschuss vergleichbar: Die angezeigten VW-Mitarbeiter breiteten nun ihre Informationen über kriminelle Abläufe und Strukturen bei VW gewissermaßen als Selbstschutz aus. Unterstützt wurden sie dabei von ihren rührigen Anwälten. Von Indien schlug die Szene zurück in die Republik. Ab diesem Zeitpunkt gab es kein Halten mehr.

Doch am Ende reagieren die Konzernspitzen in gewohnter Manier: Wenn der Gestank im Stall so groß ist, dass er nach außen dringt und die Medien nicht länger stillhalten können, legt man eben ein paar Stinkbomben nach draußen, zeigt empört mit dem Finger drauf und macht die Stalltür wieder zu. Drinnen bleibt der große Misthaufen liegen und gerät mit einigem Glück schnell in Vergessenheit – auf Alzheimer in der Medienlandschaft war bisher noch immer Verlass.

Doch die Stimmung in der Republik ist umgeschlagen. Vieles von dem, was man in früheren Jahren weder hören, geschweige denn lesen wollte, wird nun mit einem Male höchst aktuell. Man erinnert sich vage an ähnliche, ältere Vorgänge und sucht Parallelen. Eine gänzlich veränderte Situation – auch für den einen oder anderen »Querulanten«.

Dieser Begriff wurde auch mir immer wieder gerne angehängt. Ich muss gestehen, dass mich diese Bezeichnung persönlich nie wirklich berührte. Misslich war dieses Image allerdings wegen seiner öffentlichen Wirkung und des daher fehlenden Drucks auf eine Justiz im Tiefschlaf. Welcher rechtschaffene deutsche Bürger wusste bisher, dass korrekte Staatsanwälte und Richter, die es – Gott sei Dank – immer noch gibt, einige ihrer Kollegen ausdrücklich als »kriminell« bezeichnen?
Dass mit kriminellen Staatsanwälten kein Staat zu machen ist, dürfte auch Otto Normalverbraucher inzwischen einleuchten. Und so dümpelt die Berliner Republik mehr oder weniger ziellos vor sich hin. Recht und Gesetz könnten Orientierung geben, aber auch nur dann, wenn sie befolgt und Brüche und Übertretungen konsequent geahndet würden.

Sechs lange Jahre mussten vergehen, ehe ich diese Wildwest-Geschichte aus der zerfallenden Deutschland AG – nun vor einem vollständig veränderten Hintergrund – erzählen kann. Und ich erzähle sie so, wie ich sie erlebt habe, stütze mich dabei auf meine Tagebuchnotizen. Mitten aus dem Leben gegriffen, eine Geschichte aus dem ganz »normalen deutschen Managerleben«. Diese Geschichte handelt von Lügen, Intrigen, Erpressung und Rechtsbrüchen – dem ganz »normalen« Politikeralltag in diesem unserem Lande.

Meine berufliche Karriere als Vorstandsvorsitzender der Salzgitter AG, des zweitgrößten deutschen Stahlunternehmens, ist seit 1999 beendet. Die Entscheidung zum Rücktritt bereue ich nicht im Geringsten. Als Chef habe ich immer auch eine Verpflichtung den Menschen und der Region gegenüber empfunden. Ich habe alles getan, um deren Interessen zu schützen. Am Ende teilte ich als »bewegliche Masse in einem politischen Spiel« das Schicksal der ehemals staatlichen Salzgitter AG, wie es mir bereits im Juni 1998 in einem anonymen Schreiben an die Redaktion einer örtlichen Zeitung prophezeit wurde.
Durch die Einblicke in die Grauzone zwischen Politik und Wirtschaft, die mir in meiner Position als Vorstandsvorsitzender unfreiwillig zuteil wurden, habe ich meine neue Bestimmung als

Wirtschaftsaufklärer und unabhängiger Anwalt des Rechtsstaats gefunden. Seit einigen Jahren verfasse ich Kommentare zu aktuellen politischen und wirtschaftlichen Themen. Daraus entstand dieses Buch. In meinem Co-Autor Ulf Mailänder fand ich einen professionellen Sympathisanten und virtuosen Gestalter meiner Textvorlagen.

Die nun abgeschlossene Geschichte hat eine berühmte Hauptperson – Kanzler Gerhard Schröder. In den Jahren 1997–1999 verband uns eine fast freundschaftliche Kooperation. Mir ging es um die Eigenständigkeit eines höchst erfolgreichen Stahlunternehmens, ihm um seine Profilierung als politischer Wirtschaftsexperte. Ich war nützlich für ihn und arbeitete gern mit ihm zusammen. Er setzte alle seine Potenziale ein.

Zur Jahreswende 1997/98, kurz vor der niedersächsischen Landtagswahl, hatten seine Parteigenossen aus dem Polit- und Bankenlager in Nordrhein-Westfalen eine Intrige angezettelt. Sie hatten ihm das profitable Stahlunternehmen, dessen Chef ich war, »unterm Arsch weg«, wie Johannes Rau sich ausdrückte, ins Ausland verkauft. Dieser Verkauf war weder im Interesse von Belegschaft und Region noch im Interesse des Politikers Schröder. Eine feindliche Übernahme mit dem drohenden Wegfall von Arbeitsplätzen in seiner Wahlheimat hätte ihm politisch das Genick gebrochen. Mein Duzfreund Gerhard machte den Deal rückgängig, indem er Friedel Neuber, dem »Paten von der Ruhr«, mit dem Staatsanwalt drohte. Ich war dabei als Mann der Fakten und der Stahlregion Peine/Salzgitter.

Die Vorgeschichte von Gerhard Schröders Kanzlerschaft spielt im Milieu der rechtsfreien Räume, die sich zwischen Wirtschaft und Politik auftun – nicht erst seit gestern. Wer sich als Kanzler bewähren will, muss offenbar erst einmal den wahren Herren »in diesem unserem Lande« Machtgrenzen aufgezeigt haben. Des Kanzlers Fähigkeit, in der Not zur Höchstform aufzulaufen und eine drohende Niederlage auf überraschende und zugleich einfache Weise zu wenden – davon handelt diese Geschichte.

Gerhard Schröder erscheint als Mensch mit besonderem Talent für publikumswirksame Inszenierungen. Zugleich agiert er als prototypischer Vertreter einer neuen Generation von Medienpolitikern im Mahlwerk des überkommenen Politbetriebs.

Das vorliegende Werk ist aber auch die Geschichte einer Freundschaft unter Männern, die freundlicher hätte verlaufen können. Davon handelt das letzte Kapitel, der Brief: »Mensch Gerd, wo bist Du?« Als einer, der aus politisch-taktischen Gründen die Protektion des zum Kanzler aufgestiegenen Duzfreundes verlor, tröstet mich wenigstens der Gedanke, mit diesem Schicksal nicht allein zu sein.

Die eigene Integrität zu erhalten, ist in allen gesellschaftlichen Positionen nicht leicht. Besonders schwer ist es in den höheren Sphären der Gesellschaft. Dort ist die Luft dünn und der Absturz nah. Wer bei den nicht immer sauberen Spielchen nicht mittut, wird zuerst bedroht, dann ausgegrenzt und zum Sündenbock erklärt, und schließlich mundtot gemacht. Sich aus einer solchen Position heraus Gehör zu verschaffen, ist mühsam. Neuen Ansporn in meinen Bemühungen bekomme ich täglich von Sympathisanten aus dem Bermudadreieck von Politik, Justiz und Wirtschaft. Sie offenbaren mir vertrauensvoll Insider-Informationen, bevor sie gezielt versenkt werden.

Mit dem Ende meiner Managerkarriere halte ich es für meine Pflicht, der Öffentlichkeit die Verstöße gegen legales Wirtschaften bekannt zu machen. Schon vor Ausbruch des VW-Skandals genoss ich das Vertrauen derer, die mir auf wundersame Weise Dokumente direkt aus der Höhle der Wölfe anvertrauten. Auch wenn die meisten aus meiner Kaste mich weiterhin für einen Querulanten und Verräter halten, wächst offenbar die Zahl derer, für die ich ein Vorbild bin – natürlich nur hinter vorgehaltener Hand. Nach außen machen sie weiter wie bisher, auch wenn die Gewissensnöte immer größer werden.

Für den Manager eines heutigen Großkonzerns bedeutet es einen unerhörten Luxus, auf die Stimme seines Gewissens zu hören. Dabei ist das nichts weiter als eine Selbstverständlichkeit. Fehlende persönliche Autorität und Integrität erzeugen ein Klima der Hörigkeit, in dem kriminelle Machenschaften erst gedeihen können. So entstehen Sammelbecken für schwache Charaktere, ein für die deutsche Geschichte nicht untypisches Phänomen. Den Mut zu Konflikten mit mächtigen Gesetzesbrechern (den so genannten Gangstern in Nadelstreifen) habe ich bei meinen Exkollegen oft vermisst. Auf Chefetagen wird gebuckelt, was das Zeug hält, um ja die eigenen Pfründe nicht zu gefährden. Den Finger zu erheben, wenn Gesetz und Moral in den Dreck gezogen werden, ist dagegen nicht ungefährlich. Sei es in der Wirtschaft, in der Politik oder in der Justiz. Leider gibt es noch nicht sehr viele Mitstreiter, die sich trauen, absolute sittlich-moralische Vorgaben offen und konsequent bis zum Ende durchzukämpfen.

Solange mafiöse Strukturen wichtige Teile der Wirtschaft in diesem unserem Lande beherrschen, wird es in Deutschland keinen Aufbruch zu neuen Ufern geben, sondern nur ein klägliches Dahinsiechen. So verteidige ich in aufklärerischer Tradition elementare bürgerliche Rechte gegen diejenigen, für die meist nur noch der Satz gilt: Der Rechtsstaat, das sind die anderen – aber doch nicht wir! Ein Rechtsstaat, der im Sumpf versinkt, legt für den einfachen Bürger die Frage nahe: Wie lange sollen wir uns das noch gefallen lassen? Da hilft kein Ruck mehr, da hilft nur noch eine Kehre. Und die beginnt mit einem großen Auskehren.

Notwendig ist dazu eine politisch unabhängige Justiz. Bis heute hat die Politik die Justiz fest im Griff. Staatsanwälte sind nicht etwa Anwälte des Staates, wie es der Bürger erwartet, sondern Handlager der Politiker. Das Schlüsselwort heißt »Weisungsgebundenheit«, der alle deutschen Staatsanwälte unterliegen. Sie erhalten Weisungen der Politik, ob sie in einem Fall tätig werden oder nicht. Welcher Politiker, welcher Manager mit guten Kontakten zu Politikern würde zulassen, dass gegen ihn ermittelt wird? Politiker in Deutschland haben über diese Eingriffsmöglichkeit in die Justiz den Status von Halbgöttern.

Der »Regierungskriminalität« (eine Wortschöpfung des Deutschen Richterbundes) ist auf diese Weise Tür und Tor geöffnet. Die Forderung des Deutschen Richterbundes lautet daher: Die politische Weisungsgebundenheit muss aufgehoben werden, um Gesetzesverstöße unserer Politiker vor den Richter zu bringen.

Unsere Gesetze müssen für alle gelten – ohne Ausnahme. Wir brauchen eine neue integre Führungsschicht in Politik, Wirtschaft und Justiz, der die Gesetze des Staats wichtiger sind als Abmachungen unter »ehrenwerten« Kumpanen. Um eine solide Basis für eine gerechte Gesellschaft zu finden, müssen wir die Rechtsstaatlichkeit in vollem Umfang wieder herstellen. Diejenigen, die sie zerstören, muss die ganze Härte der Gesetze treffen.

Gerhard Schröders Vorgänger, Altkanzler Dr. Helmut Kohl, hat mit seinem ungesetzlichen Verhalten in der Spendenaffäre Unrecht auf politischen Chefetagen quasi legitimiert. Dabei stand gerade er selbst zu Beginn seiner Kanzlerschaft laut und vordergründig für eine angebliche geistig-moralische Wende – dem Primat der Moral vor der Macht des Geldes. Sein Nachfolger hat nur dann eine politische Zukunft – ebenso wie unser Land –, wenn er dies Versprechen endlich einlöst.

Der Schatz im Rübenfeld
oder: Piepers Portokasse

Herbst 1989. Ein Hauch von Geschichte weht durch deutsche Lande. Am östlichen Rand der Westrepublik, in Sichtweite von Demarkationslinie und Todesstreifen, hortet der Bund derweil in der tiefsten Provinz einen unbekannten Schatz: die bundeseigene Salzgitter AG. In diesem Schicksalsjahr kümmert sich niemand darum; bis hinter die Rübenfelder von Peine und Salzgitter verirren sich die wenigsten Mitbürger. In dieser Stille und Abgeschiedenheit hatte es der Firmenchef der Salzgitter AG, Ernst Pieper, mit Fleiß, Beharrlichkeit, List und guten Verbindungen verstanden, aus der grauen Industriemaus ein mehr als wohlhabendes Unternehmen zu machen.

Bereits 1982 war Pieper als Ministerialdirigent im Finanzministerium von Bonn nach Salzgitter geschickt worden, um den staatlichen Gemischtwarenladen auf Vordermann zu bringen. Unter dem Dach der Salzgitter AG tummelten sich die unterschiedlichsten Unternehmen. Angefangen von dem eigentlichen Kern der Gruppe, den Stahlwerken in Peine und Salzgitter, über die Marinewerft Howaldtswerke Deutsche Werft AG (HDW) in Kiel bis zum Heizungsbauer Wolff und dem Handy-Produzenten Hagenuk. Pieper machte alle Tochtergesellschaften mit einem simplen Rezept erfolgreich: Er nahm sich viel Zeit, um die besten Manager an die Spitze zu setzen, überall hatte er seine Scouts.

Pieper pflegte weiterhin engste Kontakte zu seinen ehemaligen Kollegen in Bonn, besonders zum heimlichen Chef des Ministeriums, Staatssekretär Dr. Hans Tietmeyer, dem späteren Bundesbankpräsidenten. Das zahlte sich aus. Obgleich das Unternehmen vor Geld nur so strotzte, gelang es Pieper immer wieder, die eine oder andere Million aus Bonn abzuzweigen. Das Stichwort »Stahl und Werften« zog immer. Staatssekretär Tietmeyer drückte wohlwollend beide Augen zu. Es waren doch nur Staatsgelder! Und sie blieben ja beim Staat, in der staatlichen Salzgitter AG. Die anderen Kollegen in Bonn wussten ohnehin nicht, wie es um die Bundesfirma wirklich stand.

Die verdiente derweil prächtig. Allein der Stahlbereich hatte in den Jahren 1987–1988 über 700 Mio. DM Gewinn eingefahren. Die HDW-Werft in Kiel machte ihre üppigen Gewinne mit U-Booten und Kriegsschiffen, die bei den Admirälen in aller Welt ganz oben auf der Wunschliste standen. Die Zonenrandförderung tat ihr Übriges. Dem Unternehmen ging es blendend.

Verwegene Pläne

Im Frühjahr 1989 war diese »Portokasse« der Salzgitter AG, wie Konzernchef Pieper sie nannte, mit 2,5 Mrd. DM gefüllt. Der Wert der Salzgitter AG lag bei mindestens 15 Mrd. DM. Allein der bundeseigene Immobilienbesitz war mit 10,2 Mrd. DM versichert.

Mit den Milliarden aus der Portokasse des Staatsunternehmens hatte Pieper einen verwegenen Plan: Er wollte die Fichtel & Sachs AG übernehmen und auf diese Weise den Staatskonzern »heimlich« privatisieren. Das dauerte aber zu lange, da sich die Sachs-Erben nicht einig wurden. Letztlich wurde ihm die Übernahme aus Bonn sogar verboten. Ein Staatsunternehmen könne sich nicht durch Einverleiben einer Aktiengesellschaft quasi selbst privatisieren – so die Ansicht des damaligen Finanzministers Gerhard Stoltenberg. Er war vom Vorsitzenden des Aufsichtsrates der Salzgitter AG, Dr. Günter Saßmannshausen, über Piepers Pläne informiert worden.

Neben der Salzgitter AG gab es noch ein zweites Unternehmen in Niedersachsen, das früher ebenfalls dem Bund gehört hatte. Als börsennotierte Firma dümpelte die Preussag AG allerdings vor sich hin. Günter Saßmannshausen hatte der Preussag AG in Hannover vorgestanden, bis man ihn wegen Erfolglosigkeit abserviert und in den Aufsichtsrat der Preussag AG abgeschoben hatte. Zudem bekleidete er den Posten des Aufsichtsratsvorsitzenden der Salzgitter AG.

Auch seinem Nachfolger als Preussag-Chef, Dr. Erwin Möller, war es nicht gelungen, den »Augiasstall« in Hannover auszumisten und die Firma profitabel zu machen. Die Preussag-Vorstände hatten nicht das Kaliber ihrer Salzgitter-Kollegen. Bei der Preussag war das Parteibuch stets wichtiger als Zeugnis oder Diplom. Ein Geschäft braucht aber nun einmal Fachleute und keine Parteibonzen, das ist in Deutschland nicht anders als in China.

Aufsichtsratschef der Preussag war der Chef der Westdeutschen Landesbank (WestLB) Friedel Neuber, auch »Pate von der Ruhr« genannt. Seine WestLB war mit ca. 40 Prozent Hauptgesellschafter der Preussag AG. Jahrelang war es Vorstand und Aufsichtrat nicht gelungen, eine Dividende zu erwirtschaften. Die Zeichen standen auf Sturm. Da die Firma kurz vor dem Abschmieren war, kam Ex-Vorstands-Chef Saßmannshausen eine zündende Idee: Die Preussag übernimmt die Salzgitter AG! Eine Rettung mit Staatsknete – das preiswerte Allheilmittel!

Woher aber das Geld nehmen für die Übernahme eines milliardenschweren Konzerns, wenn die eigenen Kassen leer sind? Ganz einfach. Man zieht sich an den eigenen Haaren aus dem Schuldensumpf. In Salzgitter und Hannover ging das mit dem Münchhausen-Trick so:

Man ließ den Wert des staatlichen Unternehmens schätzen und »kaufte« es dann ausschließlich mit dessen eigenem Geld, mit Piepers neunstelliger Portokasse.

Nach langen Verhandlungen stimmte das Finanzministerium in Bonn dem schrägen Deal zu. Es galt ja schließlich mit der Preussag AG ein ehemaliges Staatsunternehmen zu retten. Warum dazu also keine Staatsgelder einsetzen? Allerdings wurde ein umfangreiches Vertragswerk erstellt, um einen Missbrauch des Bundesvermögens durch den »Paten von der Ruhr« von Anfang an zu unterbinden. Die Staatsmilliarden sollten nicht in trüben Kanälen verschwinden. Mit der »Privatisierung« der staatseigenen Salzgitter AG wollte man schließlich das ehemalige Staatsunternehmen Preussag AG wieder auf die Beine bringen.

Treue Hände – lange Finger?

Nach der Bundeshaushaltsordnung darf Bundesvermögen nur zu seinem vollen Wert veräußert werden – eigentlich eine Selbstverständlichkeit. Bei der Salzgitter AG musste also ein wenig getrickst werden.

Das Wohnungsvermögen der Salzgitter AG hatte real einen Versicherungswert von besagten 10,2 Mrd. DM. Da man bereits für die diversen Unternehmen des Salzgitter-Konzerns einen Wert von 2 Mrd. DM errechnet hatte, blieb für das Immobilienvermögen nicht mehr viel Geld in der Salzgitter-Kasse. Um genau zu sein: Es waren nur noch 450 Mio. DM. Wie sollte man damit einen Immobilienschatz von 10,2 Mrd. DM bezahlen? Guter Rat war im Wortsinne teuer.

Es dauerte eine ganze Weile, bis einem Bonner Beamten – sein Name sei unerwähnt – die Lösung einfiel. Bei einem Spaziergang in den Rheinauen beratschlagte er sich mit dem Finanzvorstand der Salzgitter AG, Dr. Dieter Brunke:

»Wie wäre es denn, wenn wir euch den ganzen Immobilienkrempel gar nicht verkaufen, sondern nur übertragen?«

»Wie – übertragen?«, fragte Brunke.

»Na, nicht verkaufen, sondern zu treuen Händen übergeben. Dann brauchen wir ja auch nicht den vollen Wert zu berechnen.«

»Guter Trick«, sagte Brunke. »Wenn das so geht.«

»Warum denn nicht? Dann dürft ihr den Krempel natürlich nicht verkaufen. Is doch klar. Oder?«

»Sonnenklar«, antwortete der etwas korpulente, aber geistig durchaus nicht träge Mann aus der Provinz.

»Ihnen ist sicherlich klar, dass wir das so nicht dürfen, oder? Die Bundeshaushaltsordnung ist da leider eindeutig.«

»Sonnenklar«, war Brunkes Antwort.

»Gnade euch Gott, ihr geht an die Wohnungen ran. Das muss klar sein. Sonst hängen wir hier alle am Haken.«

Kaufen ohne Geld

Gesagt – getan! Die Wirtschaftprüfungsgesellschaft »Treuarbeit« – Nomen ist eben nicht immer Omen – schätzte den staatlichen Immobilienbesitz auf 454 Mio. DM. Von einem Schnäppchen zu sprechen, wäre grob untertrieben. Dazu muss man wissen, dass Grund und Boden bei der Berechnung des Versicherungswertes noch nicht einmal zählen. Diese Rechenkünstler hießen später C&L (Coopers & Leybrand) und schließlich ab 1998 PwC (Pricewaterhouse-Coopers). Dieselben Wirtschaftsprüfer haben, unter immer neuem Label, den schrägen Deal, der schließlich zum Betrug mutierte, von Anfang an begleitet und gedeckt.

Ergänzte man hier den zuvor »berechneten« Wert der Unternehmen der Salzgitter AG von 2 Mrd. DM, kam man ganz brav auf einen Schätzwert von genau 2,5 Mrd. DM! In der Fliegersprache heißt das: Punktlandung.

Die 2,5 Mrd. DM in Piepers Portokasse hatte man – natürlich ebenfalls rein zufällig – bei der Wertermittlung des Staatskonzerns einfach übersehen. So etwas kann in der Hektik ja schon mal vorkommen. Die marode Preussag war durch dieses Finanzwunder nunmehr in der Lage, den stattlichen Staatskonzern zu »kaufen«. Sie nahm dazu einfach das Geld aus dessen Kasse – etwa so, als ob man nach dem Kauf eines Hauses die Kaufsumme im Briefkasten findet.

Die Preussag bekam dabei eine öffentlich-rechtliche Treuhänderfunktion für das Gesamtvermögen, ohne allerdings frei darüber verfügen zu dürfen. Beim Transfer forderte WestLB-Chef Dr. h.c. Neuber am 17. November 1989 vom Haushaltsausschuss des Deutschen Bundestages die Überlassung von 2.500 der insgesamt 34.000 Wohnungen der Salzgitter AG ganz offiziell zum Substanzwert. Durch diesen formalen Trick durfte er sie später verkaufen. Sie waren schließlich vom Bund entsprechend der Bundeshaushaltsordnung zu ihrem vollen Wert, dem Substanzwert, veräußert worden. Für den Rest der insgesamt 31.500 Wohnungen wurde der WestLB lediglich ein manipulierter sog. »Ertragswert« berechnet, weniger als ein Zehntel des wahren Verkaufswerts. Hinzu kamen als Morgengabe riesige Ländereien zum Nullwert – und das alles für sage und schreibe eine ohnehin »mitgekaufte« halbe Milliarde.

Leichen im Keller

Natürlich hatte Neuber einen Grund für seine Forderung. Denn auf der Salzgitter AG lagen zur Fälligkeit anstehende »Hypotheken«, genauer gesagt auf ihrer siebzigprozentigen Tochter HDW, den Howaldtswerken Deutsche Werft in Kiel, deren Minderheitsgesellschafter das Land Schleswig-Holstein war.

Die Zahlungsverpflichtungen gingen auf ein Rüstungsgeschäft mit der kaiserlich-iranischen Marine zurück. Die bestellte 1978 mit Billigung der Regierung Schmidt sechs U-Boote (Klasse 209, Auftragswert ca. 1 Mrd. DM). Die Bundesregierung übernahm eine Hermes-Fabrikationsbürgschaft. Eine Anzahlung in Höhe von 231 Mio. DM wurde vom iranischen Staat geleistet, etwas weniger als die Hälfte (109 Mio. DM) ging jedoch gleich auf ein Schweizer Konto der Schahfamilie als so genannte NA – Nützliche Ausgabe. Im Jahr darauf wurde das Schahregime gestürzt. Also stellte man bei den HDW die Produktion ein und behielt den Rest der Anzahlung. Die Regierung des Iran strengte, nach ergebnislosen Verhandlungen mit der Preussag AG, bei der Internationalen Handelskammer in Paris ein Verfahren auf Rückzahlung der Anzahlung an. Im April 1991 wurde HDW zur Zahlung verurteilt, da der Vertrag 1980 wegen Wegfalls der Geschäftsgrundlage aufgehoben wurde.

Als Konzession an Neuber durften die 2.500 Wohnungen der Salzgitter AG verkauft werden, um die Forderung des Iran nach Rückzahlung der geleisteten Anzahlung erfüllen zu können.

Neues Schiff, alter Kapitän

Der Bund übertrug im November 1989 die bundeseigene Salzgitter AG (Wert ca. 15 Mrd. DM) für einen Kaufpreis von 2,5 Mrd. DM auf die WestLB-Tochter Preussag. Der Staatskonzern Salzgitter AG wurde vordergründig mit seinem gesamten Vermögen in die marode Preussag eingebracht. Das Grund- und Bodenvermögen der staatlichen Salzgitter AG hatte man jedoch – zur Vorsicht – noch in der Salzgitter AG belassen. Ein gewisses Misstrauen gegenüber dem neuen Hauptgesellschafter, der

WestLB, war also nicht zu leugnen. Das war jedoch nur einem kleinen Kreis von Insidern bekannt. Entsprechend der realen wirtschaftlichen Potenz von Salzgitter AG und Preussag AG entwickelten sich die Kräfteverhältnisse im Vorstand der teilfusionierten Gesellschaft. Nach einem kurzen Intermezzo mit dem Chef der Preussag AG, Dr. Möller, an der Spitze des neuen Großunternehmens, übernahm daher – wie selbstverständlich – Ernst Pieper, der Chef des »aufgekauften« Unternehmens das Ruder. Er, der den Deal mit Zähneknirschen begleitet hatte, wurde Vorstandsvorsitzender der neuen Preussag AG. Ein anderer kam gar nicht in Frage, denn Pieper hatte die Milliarden erwirtschaftet, die nun die Preussag in Hannover zu einem schlagkräftigen und ertragsstarken Konzern machten.

Ernst Pieper hatte mich im Sommer 1991 von den Klöckner-Werken zur Preussag geholt – auf Anraten von Kurt Stähler, dem Chef der Stahltochter der Preussag AG, den Stahlwerken Peine-Salzgitter AG. Stähler kannte mich aus dem Stahlgeschäft, da ich zahlreiche Veröffentlichungen in Fachzeitschriften verfasst und bereits mit jungen Jahren einiges auf die Beine gestellt hatte. Zum Zeitpunkt meines Einstellungsgespräches war ich 39 Jahre alt und Produktionsdirektor der Georgsmarienhütte bei Osnabrück, ein Edelstahlwerk, das damals noch zum Klöckner-Konzern gehörte. Jung genug, um Kontinuität im Konzern zu gewährleisten, trat ich in Salzgitter als Produktionsdirektor in den Stahl- und Walzwerksbetrieben am Standort Salzgitter an. Im April 1992 wurde ich stellvertretendes Mitglied des Vorstands des Stahlunternehmens, das zum selben Zeitpunkt in Preussag Stahl AG umgetauft wurde. Ein Jahr später wurde ich ordentliches Vorstandsmitglied und im Juni 1994 Sprecher des Vorstands.

Der »Pate« am Rhein und sein Mann an der Leine

Ein ungleiches Duo

Gegensätzlicher als Aufsichtsratschef Friedel Neuber und Vorstandschef Ernst Pieper hätte man sich ein Duo an der Spitze eines großen Konzerns nicht vorstellen können. Während für Pieper die objektiven Qualitäten eines Managers zählten, gab es für Neuber nur eine Qualität: die Abhängigkeit. Das hatte ihm den Spitznamen »Pate« eingebracht.

Neuber galt als unkonventioneller und pragmatischer Erfolgsmensch, der in seiner Partei viele Vertrauenspositionen innehielt. Nicht nur in Rheinhausen und Moers, bei den alten Kumpels, war sein Aufstieg vom Arbeitersohn zum mächtigsten Banker der Republik eine unglaubliche Erfolgsgeschichte. Der Friedel hatte es geschafft. Er, der einfache Arbeitersohn, hatte sich hochgearbeitet, fuhr als Aufsichtsratsvorsitzender eines Tourismuskonzerns auf »eigenen« luxuriösen Kreuzfahrtschiffen – mit persönlichem Butler-Service!

Zum Jahreswechsel 1994 war Pieper mit 65 Jahren in den Ruhestand getreten. Genauer gesagt: Er war in den Ruhestand getreten worden. Neuber hatte ihm weder einen Sitz im Aufsichtsrat noch ein Büro in der Firmenzentrale gegönnt. Für Pieper, den ehemaligen Beamten, war es eine Selbstverständlichkeit, Verträge einzuhalten – einer seiner Grundsätze lautete: *Pacta sunt servanda*. Neuber sah das eher locker. Verträge waren von Menschen gemacht und ließen sich angesichts neuer Konstellationen auch wieder ändern.

Gerhard Schröder, eine schillernde Figur

Zum ersten Mal erlebte ich Gerhard Schröder live bei der offiziellen Verabschiedung von Ernst Pieper am 21. Januar 1994. Er war damals Ministerpräsident des Landes Niedersachsen. Mit Neuber hatte er sich persönlich schon angelegt, als dieser seinem Lieblingsspielzeug, dem (geplanten) Reisekonzern unter dem Dach der WestLB neben der LTU und Thomas Cook auch die in Hannover ansässige TUI einverleiben wollte. Damals hatte Schröder ihn öffentlich als »Wirtschaftsimperialisten« angeprangert.

Schwungvoll bewegte Schröder sich auf das Rednerpult zu – ein Mann von eher unterdurchschnittlicher Körpergröße, dessen raumgreifende Schritte dazu führten, ihn für weitaus größer zu halten. Schröder wurde zu dieser Zeit in der SPD bereits als »kommender Mann« gehandelt, als Mann auf dem Weg zu den Toren der Macht, an denen er schon gerüttelt hatte.

Wie vielen anderen der illustren Gäste des Interconti Hannover fielen mir während seiner Dankesrede an Ernst Pieper vor allem seine Haare auf, die im Schimmer der Saalbeleuchtung in allen Farben des Regenbogens schillerten. Einige amüsierten sich darüber sogar ganz offenkundig. Dennoch genoss der Mann Sympathie – ein Mann mit seinem schauspielerischen Charisma konnte sich sogar den Missgriff seines Friseurs leisten. Gerade wegen seiner offenkundigen Schwächen wirkte er stark und authentisch.

Der gebürtige Westfale war inzwischen zum veritablen Niedersachsen mutiert, mit allen Eigenheiten dieses Menschenschlags zwischen Harz und Nordsee. Er war Niedersachse bis in die Wortwendungen und beim Trinken der »lüttgen Lage« machte ihm so schnell keiner etwas vor. Manchem Parteifreund an den Gestaden des Vater Rhein galt er als eine zu ehrliche Haut.

Wechsel an der Konzernspitze

Während Schröder in seiner Dankesrede gutgelaunt betonte, dass es ihm als langjährigem, persönlichem Freund von Ernst Pieper nicht Verpflichtung, sondern Selbstverständlichkeit sei, bei der

Verabschiedung seines Mentors und Förderers die Dankesworte der Landesregierung für dessen so erfolgreiche Tätigkeit zu überbringen, flossen die lobenden Abschiedsworte von Nachfolger Dr. Michael Frenzel eher gebremst. Die Genugtuung, es mit Hilfe seines Ziehvaters Neuber ganz an die Spitze geschafft zu haben, war dabei unüberhörbar.

Dieser letzte Tag von Ernst Pieper im Rampenlicht war zugleich der Startschuss für die Umgestaltung des Konzerns. Bereits am ersten Tag der Amtszeit des neuen Konzernchefs Frenzel, dem 3. Januar 1994, bekam Preussag-Vorstand Dr. Maximilian Ardelt, den Ernst Pieper als seinen Wunschnachfolger auserkoren hatte, von Neuber den »Blattschuss« verpasst und wurde mit der üblichen Abfindung abserviert.

An Rhein und Ruhr hatte die NRW-Landesregierung Neuber mit seinem Engagement für den Tourismus bereits die rote Karte gezeigt. Seine Pläne eines Tourismuskonzerns konnte er in Düsseldorf unter dem Dach der WestLB nicht noch einmal probieren. Aber in Hannover hatte er freie Hand, das ging am Rhein keinen SPD-Genossen etwas an. Wer wusste dort schon etwas von einem Schatz im Rübenfeld, außer ein paar Eingeweihten?

Die Ergebnissituation der neuen Preussag AG war zum Zeitpunkt der Übergabe des Vorstandsvorsitzes stabil – und »nahezu seriös«, wie Frenzel bei seiner ersten Rede vor Führungskräften betonte. Er ergänzte, dass Pieper in seinem letzten Geschäftsjahr 1992/93 die Kleinigkeit von 50 Mio. DM aus dem Vermögen des Konzerns zur Verbesserung der Ergebnissituation habe abzweigen lassen, um »sein Denkmal zu erhöhen«. In seiner, Frenzels Amtszeit als Vorstandsvorsitzender der Preussag AG werde »nicht ein Pfennig aus dem Vermögen des Konzerns zur Ergebnispolitur eingesetzt«, wie er versicherte. Die Preussag-Führungskräfte waren beeindruckt, aber skeptisch. Der Neuber'sche Mann an der Leine hatte zwar einschlägige Erfahrungen als Leiter des Zentralbereichs Beteiligungen der WestLB – von der Billerbeck-Gruppe (Herstellung und Vertrieb von Erzeugnissen der Bettenindustrie) bis zur Westdeutschen Lotterie und Westdeutschen Spielcasino Service GmbH – aber ob das reichte?

Schrumpfende Schätze

Natürlich hatte die WestLB mit der Übernahme der Salzgitter AG auch die iranischen Altlasten mit übernommen. Immerhin dauerte es nach dem Urteil der Internationalen Handelskammer im April 1991 noch einmal fast drei Jahre, bis der Iran erneut vorstellig wurde und nunmehr 280 Millionen verlangte, nämlich die ursprünglichen 231 Millionen plus entgangener Zinsen.

Die anderen Beteiligungen entwickelten sich ebenfalls nicht zur Freude des neuen Geschäftsführers an der Leine. Im Geschäftsjahr 1995/96 versinkt der Anlagenbauer Preussag Noell in Verlusten: Das Planergebnis hatte bei 35 Mio. DM Gewinn gelegen, die Planabweichung betrug im laufenden Geschäftsjahr minus 465 Mio. DM.

Dr. Sigurd Lehmann-Tolkmitt, der Chef von Noell, schied nach einem internen Streit mit Dr. Frenzel am 24. Oktober 1995 bei einer Restlaufzeit seines Vertrages von weniger als einem Jahr (Jahresgehalt: 320.000 DM) und mit einer selbst für die Verhältnisse der WestLB nicht unerheblichen Abfindung von 3,2 Mio. DM aus – eher ein Schweigegeld, aber als Abfindung mit reduziertem Steuersatz ausgezahlt. Als Chef des Anlagenbaus kannte er das komplexe Schmier- und Schwarzgeldsystem im Bereich der WestLB/Preussag-Gruppe zu genau. Träger von Herrschaftswissen musste man ruhig stellen.

Viele ehemalige Mitarbeiter, auch aus der Führungsebene des Konzerns, wagten angesichts der neuen Konzernleitung nicht, den Kontakt mit Pieper aufrecht zu erhalten. Kurz vor seinem Tod gestand Frenzels Vorgänger mir, wie groß sein Schmerz sei, von Leuten geschnitten zu werden, die sich früher um seine Gunst bemüht hätten.»Sogar auf dem Golfplatz in Braunschweig schleichen diese Herrschaften an mir vorbei, als wenn wir uns noch nie gesehen hätten. Manche erwiderten noch nicht einmal meinen Gruß. Diese Leute haben sogar Angst, mit mir gesehen zu werden.« Ernst Pieper starb am 4. Februar 1995, also nur ein wenig mehr als ein Jahr nach seinem Ausscheiden aus dem Konzern in Braunschweig im vertrauten Familienkreis.

Aber nicht alle Manager hängten ihr Mäntelchen nach dem Wind. Dr. Hendrik Napp, Geschäftsführer des Preussag-Anlagenbaus in Salzgitter, stellte nach Piepers Tod dessen Bild auf seinen Schreibtisch. Anlässlich eines Besuchs von Konzernchef Frenzel in Salzgitter – er hatte von dieser »Provokation« gehört –, wollte er unbedingt das Napp'sche Büro sehen. Auf das Pieper-Bild angesprochen, soll Dr. Napp trocken erwidert haben: »Lieber Herr Frenzel, wenn Sie einmal tot sind, stelle ich Sie auch auf meinen Schreibtisch.«

Stahl ist Trumpf

Im Mai 1996 wird das neue Stahlwerk in Peine eingeweiht. Gerhard Schröder lässt sich die Gelegenheit zu einem publikumswirksamen Auftritt nicht entgehen. Die Stahltochter der Preussag AG, die Preussag Stahl AG, hatte mit der neuen Metallurgie an ihrem zweitgrößten Standort Peine eine Investition von 150 Mio. DM getätigt – ohne die Kasse des Mutterkonzerns mit einem Pfennig zu belasten. Auch mein Kollege Frenzel aus dem Konzernvorstand ist an diesem Tag anwesend. Zum Pressefoto nehmen wir gemeinsam – Schröder, Frenzel und ich – das neue Werk in Betrieb. Breit lächelnd, unter Blitzlichtgewitter, mit einem Druck auf den großen, roten Knopf.

Im Folgejahr attestiert McKinsey dem Stahlbereich »Standalone-Fähigkeit«, auf gut Deutsch: Die Gesellschaft kann nachhaltig eigenständig operieren und ist nicht auf Stützen der Muttergesellschaft angewiesen. Schließlich hatte der Stahl in den letzten zehn Jahren im Schnitt jährlich 100 Mio. DM netto nach Hannover überwiesen – vor Steuern sogar entsprechend mehr. Doch mit öffentlichen Vorurteilen lässt sich auch in Hannover gut Politik machen. Stahl als Teil der »Old Economy« stand im Bewusstsein der Öffentlichkeit für eine »alte«, wenn nicht gar überkommene Industrie – obwohl sie Erträge lieferte, von denen die New Economy nur träumte.

Auch Frenzel bläst in dieses Horn, natürlich diskret. Als im Oktober 1997 ein Artikel in der HANNOVERSCHEN ALLGEMEINEN ZEITUNG erscheint, in dem die Aussichten der Stahlindustrie vor Ort in düstersten Farben gemalt werden, herrscht heller Aufruhr im Betrieb – der oberste Boss entschuldigt sich anschließend bei der Belegschaft mit angeblichen »Missverständnissen« zwischen ihm und dem Reporter.

Die Preussag möchte den Zug der Zeit nicht verpassen, versteht aber nichts von Computern und Kommunikationstechnologie. Auch die Handy-Tochter Hagenuk hatte die Konzernbilanz in den letzten Jahren belastet – gut eine Milliarde hatte man unter Frenzel durch extreme Managementfehler in den Sand gesetzt. Dieses Feld will man nicht wieder betreten, also setzt man auf Dienstleistung. Davon versteht man zwar auch nichts, aber das ist sicher leichter zu lernen – so denkt man offenbar.

Erst fliegen, dann auffliegen

Im Juli 1996 stand die Olympiade in Atlanta im Terminkalender des Vorstands. Verschiedene Reisegruppen, säuberlich voneinander getrennt, setzten sich in Bewegung. Der Grund für die Geheimniskrämerei kam erst Jahre später heraus: Auch Friedel Neuber und Gattin waren eingeladen. Als Papa Neuber dann ganz plötzlich verhindert war, reiste an seiner Stelle Sohn Markus mit der Mutter. Aus der Aufsichtsratsreise war ein Familienausflug geworden – selbstverständlich auf Kosten der Preussag AG. Weiter standen zwei Wirtschaftsprüfer von Coopers & Leybrand und Pricewaterhouse (C&L/PwC) samt Ehefrauen auf der Gästeliste – der oberste Preussag-Prüfer Hermann Eichner und der Chef von Pricewaterhouse Deutschland, Rolf Windmöller. Familie Windmöller erlebte vom 17. bis zum 23. Juli nicht nur die Eröffnung der Spiele. Man stürzte sich zuvor in das pulsierende Nachtleben von New Orleans. Dort belegte die illustre Runde eine ganze Zimmerflucht im noblen »Windsor Court-Hotel«. In Atlanta selbst mied man die überlaufenen Hotels. Der Konzern hatte stattdessen einige elegante Stadtvillen am noblen St. James Circle angemietet. Mutter und Sohn Neuber residierten im luxuriösen »Jay-Fisher-House«. Wirtschaftsprüfer Eichner und Ehegattin erlebten die Spiele vom 25. bis 29. Juli im selben Ambiente. Die Kosten pro Paar beliefen sich auf 25.000–30.000 DM. Eichner hatte 1989 als Mitarbeiter der Treuarbeit – sozusagen als »Treuarbeiter« – den Salzgitter-Deal gemanagt und später unter der Flagge von Coopers & Leybrand die von mir aufgedeckten Bilanzmanipulationen der Preussag AG abgenickt. Das konnte man sich schon mal etwas kosten lassen.

Auf Nachfrage der Berliner Zeitung vom April 2000 gab die damalige Pressesprecherin der Preussag AG und spätere Wirtschaftsministerin in Niedersachsen, Frau Dr. Susanne Knorre, an, die Reise habe dem Ziel gedient, das von der Preussag erbaute Stadiondach in Atlanta zu besichtigen. Preussag-Noell baute zwar tatsächlich ein Stadiondach, jedoch nicht in Atlanta, sondern zwei Jahre später zur Fußball-WM in Paris 1998.

Der »Pate« und sein Patron

Die Mafia existiert nur, weil sie über durchsetzbare Regeln verfügt – so brachte es der niedersächsische Landesbischof Friedrich Weber einmal auf den Punkt. Also kann kein »Pate« ohne Schirmherrn sein, der erst ihn und den dann er beschützt. Der eine war die politische Hand des anderen, der andere die wirtschaftliche Hand des einen. Beides war untrennbar, da Neuber als Genosse im nordrhein-westfälischen Landtag saß, bevor er von Ziehvater Rau auf den Chefsessel der WestLB gehievt wurde. Zusammen waren sie unschlagbar, und wer sich gegen sie zu erheben wagte, wurde von Rau abgewatscht. »Schlechte Charaktere verderben die Politik«, pflegte er dann süffisant zu bemerken.

Neuber hatte schon früh sein Talent für illegale Eigensubvention entdeckt. Als Mitgesellschafter der Bollenberg GmbH für Grundstücksverwertung, die zur Firmengruppe eines gewissen Josef Kun gehörte, hatte er sich bereits 1971 sein Privathaus zu einem »Selbstkostenpreis« von 214.882,05 DM umbauen lassen. Von dieser gewiss nicht überhöhten offiziellen Summe hatte er – so seine Angabe gegenüber der ermittelnden Staatsanwaltschaft – zweimal 50.000 DM gezahlt, mit dem Vermerk in der Kun-Buchhaltung: »privat an Herrn Kun«.

Dummerweise konnte die Staatsanwaltschaft keine entsprechenden Bewegungen auf Neubers Konten feststellen, so dass er Zuflucht zu der Behauptung suchen musste, den Betrag in kleinen Beträgen in bar abgestottert zu haben. Einem Mann in seiner

Stellung wurde selbstredend geglaubt, die Ermittlungen wegen »unentgeltlicher Zuwendung« beschränkten sich daher auf den Differenzbetrag und die weiteren Ermittlungen verliefen so wie bei einem Spitzengenossen in NRW üblich: im Sande!

Neuber revanchierte sich, indem er 1996 die Feier zum 65. Geburtstag von Johannes Rau in der Wuppertaler Stadthalle mit 150.000 DM großzügig alimentierte – sonst hätte der allseits bekannte »Pfennigfuchser« Rau seine 1600 Gäste anders bewirten müssen oder gar nicht erst einladen können.

Rau half seinem Freund Neuber dafür aus der Bredouille, als der mit seinem Hang zu touristischen Abenteuern mal wieder ein paar Milliarden Miese in seiner WestLB eingefahren hatte, weil er in seinem Tourismus-Konzern mit Thomas Cook und TUI-Teilen auch eine bankrotte Firma namens LTU gekauft hatte. Die WestLB war schließlich ein »Big Player« im Bankenbereich innerhalb und außerhalb der Landesgrenzen – und die Firmeninteressen der WestLB vom Interesse des Landes, das er verkörperte, kaum noch zu trennen. Rau rettete die WestLB, die Landesbank von Nordrhein-Westfalen, vor der Pleite, indem er ihr das Wohnungsbauvermögen des Landes übertrug. Eine Hand wäscht den anderen Fuß – wie man in Politikerkreisen zu sagen pflegt. Die Solidarität echter Genossen und die Gebote christlicher Nächstenliebe ergänzen sich an den Ufern des Rheins auf das Vortrefflichste.

Nun kochten wieder seltsame Gerüchte über Neuber hoch. Vieles mochte man kaum glauben. Der Mann habe das halbe Ruhrgebiet abhängig gemacht und über hochrangige Persönlichkeiten aus Politik und Wirtschaft Dossiers angelegt, die für die Ehefrauen der ausgeforschten Persönlichkeiten alles andere als erfreulich seien. War aus dem Arbeitersohn ein Strippenzieher zwischen Politik und Wirtschaft geworden?

Stahl im Angebot

Im Herbst 1997 konkretisierten sich die Umbaupläne der Preussag AG. Der Stahlbereich sollte verkauft werden, denn irgendwoher musste das Geld für die strategische Neuausrichtung ja kommen. Am 7. November 1997 traf ich am Rande eines Gewerkschaftstreffens in Hannover Preussag-Aufsichtsrat Schmitthenner, um ihn über den Stand der Gespräche mit möglichen Interessenten zu informieren. Er war über die Verkaufsabsichten keineswegs überrascht – offenbar hatte ihn vor mir schon jemand anderes »zur Seite genommen«. Als Bundesgenosse im Kampf gegen den Verkauf kam er jedenfalls nicht in Frage.

Mein Kollege, Arbeitsdirektor Geisler, riet mir, seinen persönlichen Freund Jürgens Peters anzusprechen, den IG Metall-Chef des Bezirks Hannover.

Wir treffen uns mit Peters an der Hotelbar. Nach kurzer Erklärung der Sachlage greift Peters kurz entschlossen zum Telefon: »Das haben wir gleich.« In der Leitung ist der dpa-Korrespondent in Hannover. Schon nach einigen Sätzen ist klar, dass die dpa einen Versuchsballon aufsteigen lassen wird. Tenor: »Verkauft Preussag die Stahltochter an British Steel?« Natürlich immer mit einem Fragezeichen. Ein Gerücht. Jürgen Peters kommentiert: »Wir werfen einen Stein ins Wasser. Mal sehen, wo die Wellen anschlagen.« Zum ersten Mal erlebe ich, wie man mit guten »Connections« zur Presse ein Gerücht in der Öffentlichkeit lanciert. Die dpa stellt sich auch später als treuer Info-Transformator der IG Metall und der SPD heraus.

Am nächsten Tag schlägt die dpa-Meldung ein wie eine Bombe. Bei den Stahlwerkern gibt es zu dem Begriff »British Steel« immer noch unangenehme Assoziationen. Die Zeit unmittelbar nach dem Krieg hat tiefe Spuren hinterlassen. Die englischen Besatzer hatten anfangs vor, die Produktionsanlagen der Stahlhütte zu sprengen. Nur unter Einsatz des eigenen Lebens war es den Stahlwerkern damals gelungen, englische Militärbehörden von diesem Plan zur Rüstungsverhütung abzubringen. Von den Engländern erwartet man daher nichts Gutes – Gefühle, die nicht zu unterschätzen sind. Fusionen sind oft der Auftakt für Stilllegungen, das hat der deutsche Stahlarbeiter mittlerweile begriffen.

Kollege Frenzel rotiert. Er ist in ständigem Kontakt zu Obermeister Neuber. Der gibt die Devise aus: »Striktes Dementi!« Frenzel pariert.

Sofort steht die Frage nach der Quelle des Gerüchts im Raum. Frenzel ist sich sicher, dass die Meldung über die IG Metall und dort wiederum aus dem Umfeld des Kollegen Geisler in die Welt gesetzt wurde, womit er nicht falsch lag. Die Reaktionen von Betriebsrat und Belegschaft sind heftig. Man ist sauer auf die Muttergesellschaft in Hannover. Aus Arbeitermund heißt es: »Eine irre Sauerei.« Als die Meldung von einem angeblichen Verkauf der Stahltochter der Preussag an die Engländer im Rundfunk wiederholt wird, steigt die Aufregung. Frenzel pariert weiter.

Der tapfere Schwabe

Am 12. November ist Aufsichtsratssitzung der Preussag AG. Kollege Frenzel will bei dieser Gelegenheit den Stahlbereich negativ darstellen, um den Verkauf zu legitimieren. Er hat aber nicht damit gerechnet, dass ich alle Zahlen parat habe und sie sofort nach seiner Attacke per Overhead-Projektor an die Wand werfe. Die Zahlen belegen genau das Gegenteil dessen, was er zuvor gesagt hat. Neuber blinzelt mir anerkennend zu.

Danach wird es noch toller: Nachdem der Kollege Rainer Feuerhake die Zahlen zum Anlagenbau bei der Problemfirma Noell ziemlich nervös verlesen hat, will Heinz Dürr, der tapfere Schwabe und Ex-AEG-Chef, es nun ganz genau wissen. Die Schwaben sind halt mutige Leute. Die fragen sogar in Aufsichtsratssitzungen des WestLB-Chefs nach. Feuerhake, plötzlich in die Bredouille gebracht, fährt mit weiteren Zahlen fort. Dürr schreibt sichtbar interessiert und zunehmend irritiert mit.

Am Ende sagt er mit erstaunter Stimme. »Lieber Herr Feuerhake, ich habe mal mitnotiert. Wenn ich mich nicht verzählt habe, haben Sie uns gerade Verluste von mehr als 400 Mio. DM präsentiert. Wollten wir das Problem Noell nicht schon lange erledigt haben? Zumindest hatten Sie uns das in der letzten Sitzung erzählt, wenn ich mich nicht irre.«

Feuerhake stammelt nur noch, dass es mit den Verlusten sicher bald ein Ende haben werde. Neuber rettet die Situation für ihn, indem er bestätigt, dass das Problem im Griff sei. Der Chef regelt solche Bilanzfragen am Ende mit dem Wirtschaftsprüfer. PwC ist da sehr »flexibel«! Wer Zahlen bestellt, bekommt sie geliefert. Business as usual!

Das Geheimtreffen

Der Wahltermin für Niedersachsen rückt unaufhaltsam näher. »Jetzt nur nichts anbrennen lassen« heißt die Devise vor dem 1. März 1998. Schröders politischer Instinkt hatte angeschlagen. Das Schröder'sche Frühwarnsystem in Gestalt von Dr. Alfred Tacke, Staatssekretär im Wirtschaftsministerium, war schon im Einsatz. »A-Tacke«, so der Spitzname des Mannes, kennt die Hintergründe der Preussag-Misere im Detail, im hohen Norden in Kiel beim Handy-Hersteller Hagenuk ebenso wie die im Süden beim Anlagenbauer Noell. Die Verhandlungen der Preussag-Muttergesellschaft mit verschiedenen Interessenten im In- und Ausland zum Verkauf der Stahltochter hatten die Landesregierung überrascht und irritiert.

Schröders Kollege Glogowski, Innenminister in seinem Kabinett, sitzt im Aufsichtsrat der Preussag Stahl AG, nutzt aber die Sitzungen, die er fast regelmäßig besucht, vor allem zum intensiven Entspannen vor einem guten Essen. Er ist ein Aufsichtsrat wie aus dem Bilderbuch. Als Minister ist er mit den hier behandelten Fachfragen nicht vertraut und stellt somit auch keine dummen Fragen. Eigentlich stellt er überhaupt keine Fragen. Wenn er mal etwas fragt, ist er vorher vom Betriebsrat oder von der Gewerkschaft angespitzt worden. Was sich hinter den Kulissen tut, ist ihm ziemlich gleichgültig. Der Rotwein zum delikaten Essen ist dafür umso wichtiger. Mit Lagen und Jahrgängen kennt sich Niedersachsens Innenminister inzwischen bestens aus.

Um den aktuellen Stand der Dinge aus erster Hand zu erkunden, hatte Schröder um ein Treffen mit mir in Hannover gebeten. Diskretion war vereinbart, denn die Preussag sollte nichts davon erfahren. Trotz des Feierabendverkehrs schaffe ich den Termin am 13. November 1997 pünktlich. Am Eingang des Mövenpick-Restaurants neben der Oper frage ich leise und dezent nach dem Separée des Ministerpräsidenten. Die Dame flüstert: »Die Treppe hoch und dann hinter der Tür gleich der erste Tisch.«

Nun nur nicht gesehen und gehört werden! Auf Zehenspitzen steige ich die Treppen hoch. Behutsam öffne ich die Tür und erblicke – Gerhard Schröder. Am Eingangstisch eines vollbesetzten Gastraums versprüht er beste Laune. Wer den Saal betritt, muss an seinem Tisch vorbei.

Bevor ich Worte finde, erhebt sich der Ministerpräsident, klopft mir auf die Schulter und sagt:»Hab mich gleich hier hingesetzt. Setzen sich ma hier an die Seite. Ihr'n Koffer könn'se ja da runter schieben, brauchn wer eh nicht. Nu erzähln se ma.«

Wie vom Donner gerührt, frage ich leise zischelnd, ob wir uns nicht irgendwo in einen Nachbarraum zurückziehen sollten. »Ne, lassen se ma, das fällt nur noch mehr auf. Hier sitzen wir doch ganz gut. Hab mir außerdem auch schon was bestellt. Karte iss hier.« Ich nehme die Karte und bestelle ziemlich irritiert eine Kleinigkeit. »Entspann' se ers ma, muss zurzeit ja ganz schön hektisch sein bei der Preussag, oda? Nu erzähln se aba ma.«

Wo beginnen und wo aufhören? Hektik war gar kein Ausdruck für das, was in den letzten Tagen abgelaufen war. Schon seit Monaten gab es Gespräche mit den unterschiedlichsten Unternehmen im In- und Ausland. »Geheime Betriebsbesichtigungen«, die von allen Seiten mit Argusaugen betrachtet wurden, hatten an allen Standorten stattgefunden. Man kannte sich in der europäischen Stahlindustrie – die offiziellen Dementis machten die Dinge nur umso offensichtlicher.

Am Vormittag hatten die Kollegen vom Stahlvorstand mit mir gemeinsam eine Erklärung an die Belegschaft verfasst, die den Stand der Verhandlungen ehrlich darstellte. Das hatte ein wenig Druck aus dem Kessel genommen.

Der Ministerpräsident hört ein halbe Stunde aufmerksam zu. Dann unterbricht er mich. In seinem Blick liegt Anerkennung, seine Stimme ist warm und kraftvoll: »Sie sprechen auch noch mit den Arbeitern im Betrieb? Und nehmen sich genügend Zeit, um ihnen die Dinge zu erklären?« Auf mein Nicken hin fährt er fort: »Das find ich doll. Das ist heute selten, dass sich die Herren Vorstände noch um den Arbeiter kümmern. Ich nehm mir für diese Sachen auch immer Zeit. Das muss sein. Ich meine, wir sollten uns duzen. Ich heiße Gerhard, is ja bekannt, hahaha.«

Wie vom Donner gerührt, muss ich erst einmal schlucken.
»Also – Gerd, heiße ich!«, fährt der Ministerpräsident des Landes Niedersachsen fort, als ich offensichtlich immer noch etwas verständnislos gucke.

»Hans-Joachim«, antworte ich, »aber Hans reicht auch. So nennen mich meine Freunde.«

Mein Schwiegervater, ein passionierter Jäger und ausgezeichneter Menschenkenner aus dem westpreußischen Riesenburg, hatte mir einmal gesagt: »Merk dir Junge, wenn dir einer noch am ersten Abend das ›Du‹ anbietet, sei ganz vorsichtig. Wenn jemand das macht, dann will der was von dir.«

Da muss es doch wenigstens eine Ausnahme von der Regel geben, denke ich. Der Mann ist konstruktiv, schnell in der Auffassungsgabe und unheimlich charmant. Genau so hatte ich mir den idealen Politiker eigentlich immer vorgestellt. So jemand muss man einfach unterstützen.

Wir stoßen an und trinken einen tiefen Schluck. Mein neuer Duzfreund Gerhard Rotwein, ich Weißwein. Dann fragt er mich: »Jetz erzähl aba ma, wie solls denn nu weiter gehn?« Ich kläre ihn auf, dass der Stahlbereich gar keinen Partner brauche. Am besten sei also die Verselbstständigung und anschließend der Gang an die Börse. Pläne dazu lägen bereits auf dem Tisch, deren Umsetzung sei in sechs bis acht Monaten möglich.

Plötzlich steht er auf und reicht mir die Hand:

»So, du, muss jetz gehn. Hab kein Kleingeld bei. Geht bei euch ja sowieso auf Spesen, oda?«

»Is schon o.k., mach ich.«

»Ich ruf dich morgen an, tschüs.«

Gerhard entschwindet, alle Augenpaare folgen ihm. Plötzlich begreife ich: Das ganze Lokal hatte Augen und Ohren nur für uns beide. So etwas nennt man dann wohl ein öffentliches Geheimnis.

Jagd in der Eifel

Neuber hatte an mir »einen Narren gefressen«, denn in den Aufsichtsratssitzungen ließ ich mir kein X für ein U vormachen, schon gar nicht vom Kollegen Frenzel. Ich hatte immer die wichtigen Zahlen parat und parierte jeden Versuch, andere Bereiche auf Kosten der Stahlaktivitäten zu schönen – aus Verantwortungsgefühl für meine Mitarbeiter. Denn wenn der eine Bereich das ausbaden soll, was der andere verbockt hat, ist das nicht nur illegal, sondern vor allem ungerecht.

Deshalb lud Neuber mich häufiger zu seinen Jagden ein. Das galt als besondere Ehre und Ausweis der Zugehörigkeit zum Revier-Adel. Zufällig gehörte ich zu den wenigen, die bei diesen Anlässen mit seinem Konsum alkoholischer Getränke mithalten konnten. Auch deshalb respektierte er mich. Frenzel brachte es da nicht so weit – einen großen Teil des Alkohols kippte er nach dem Zuprosten unter die Tischkante ...

Am 14. und 15. November 1997 ist mal wieder Jagd im privaten Eifelrevier bei Prüm angesagt. Die Wege, selbst die Pirschgänge zu den Ständen, sind wie immer blitzblank. Kein Zweig, keine Nadel und kein welkes Blatt stellt sich dem groben Stiefel des Waidmanns entgegen. Kein Knirschen oder Knacken kann das Herannahen des Jägers verraten.

Der Aufwand muss enorm sein. Viele der freien Flächen sind mit Obstbäumen bepflanzt. Von dem angestellten Jäger erfahre ich, dass das Streuobst mit Zuschüssen der EU angepflanzt wurde. Auch eine Möglichkeit, die Brüsseler Milliarden anzulegen. »Immer noch besser, als wenn die Milliarden in Italien versickern«, so der Neuber'sche Kommentar zu dieser Subventionsoptimierung.

Auch heute wird nach der Jagd wieder kräftig getrunken. Unter Frenzels Platz entsteht wie gewohnt ein kleiner See aus Korn und edelsten Obstbränden.

Zu fortgeschrittener Stunde erzählt Günter Berns, Ex-Sparkassenvorstand in Neuß, die Geschichte von Friedel Neuber und den Kartoffeln: Einem Wettpartner hatte Friedel eine ganze Fuhre Kartoffeln vor das Haus kippen lassen, so dass der gute Mann danach nicht mehr aus seiner Türe kam. Er beschließt seine Rede heute mit einem unerhörten Trinkspruch: »Mensch Friedel, man sieht dir gar nicht an, was für ein Unmensch du sein kannst.«

Plötzlich wird ihm klar, was er da gerade gesagt hat. Es wird totenstill. Der »Pate« nimmt umgehend Haltung an. Neuber ist auch mit einigen Promille im Blut nicht zu unterschätzen. Innerhalb von Sekundenbruchteilen kippt die Stimmung. Berns schaut ängstlich zu Neuber herüber und sagt beschwichtigend: »Mensch Friedel, ich bin doch dein Freund.« Mehrfach hebt er sein Glas in Richtung Neuber.

In dessen Kopf rast es. Das ist zu erkennen. Er hat sich aber sehr schnell wieder im Griff und antwortet mit einem »Waidmannsheil«. Blitzschnell ist ihm klar geworden, dass jede andere Reaktion die peinliche Situation nur noch verschlimmern würde.

Der Abend ist gelaufen.

Am nächsten Morgen um 9 Uhr steht Friedel wieder kerzengerade vor der versammelten Jagdrunde und gibt den berühmten »Bullenschluck« aus. Eine Mischung aus einem Teil Rinderbrühe mit einem größeren Teil Korn. Das Ganze heiß und für jeden Jäger zur besseren Warmhaltung in einer Thermoskanne abgefüllt. Wie ich von einigen Waidgesellen erfahre, schütten viele das Getränk in den nächstgelegenen Graben, um nicht sofort wieder auf den Alkoholpegel des Vorabends zu fallen.

Schröder wird zum Stahlmann

Fünf Tore!

Mein neuer Duzfreund Gerhard Schröder legt ab jetzt ostentativ Wert auf menschliche Nähe zu mir. Am 16. November sind meine Frau und ich zur Abendgala des Tennisturniers in Hannover eingeladen. Die Karten liegen schon bereit. Nachdem wir die Sicherheitskontrollen passiert haben, treffen wir am reservierten Tisch des Ministerpräsidenten ein.

Doris Köpf, seine neue Frau, ist noch zierlicher, als die Pressefotos es ahnen lassen. Sie ist in die Verkaufsverhandlungen der Preussag eingeweiht und weiß um ihre Tragweite: »Wenn da etwas gegen die Interessen des Landes gedreht werden sollte, hat Gerhard die Folgen zu tragen.« Seine Frau ist sein bester Berater – beschlagen in der Sache und als gelernte Journalistin zudem taktisch versiert.

Mit am Tisch sitzt sein bester Freund – der Hannoveraner Anwalt Götz von Fromberg mit seiner Frau Tina. Die beiden Freunde sind unzertrennlich. Von Götzi erfahren wir auch zum ersten Mal von den Fußball-Großtaten des Ministerpräsidenten. In einem denkwürdigen Spiel des TuS Talle habe Gerhard fünf Tore geschossen. Gerhard sitzt dabei und lauscht den Erzählungen des Freundes sichtlich vergnügt, wie jedes der fünf Male, an denen sein Freund dieses Heldenepos in meinem Beisein später zum Besten geben wird. Gutes kann man eben nicht oft genug hören ... Der Abend entwickelt sich außerordentlich vergnüglich. Erst spät fahren meine Frau und ich zurück nach Peine.

Blackout

Beim nächsten offiziellen Treffen am 22. November mit Gerhard will ich meinen Arbeitsdirektor mitnehmen. Der hatte mir von Gerhards letztem Treffen mit Gewerkschaftern berichtet, bei dem die Nachwirkungen eines feucht-fröhlichen Abends noch nicht ganz abgeklungen waren. Und das mitten im Wahlkampf!

Am Vortag rufe ich Gerhard abends an. Er ist sofort außer sich: »Mit Geisler treff ich mich nicht. Der hat das doch alles angezettelt mit den Engländern. Außerdem is der Mann ...«

»Woher willst du denn das wissen«, frage ich ihn.

»Frenzel hat gesagt, der Geisler hat alles angezettelt«, entgegnet der Ministerpräsident, der offensichtlich schon zum gemütlichen Teil des Abends übergegangen und nicht mehr ganz nüchtern ist.

»Aber wir haben doch einen festen Termin für morgen. Hat dir Frau Scheibe das denn nicht gesagt?«

Gerhard kann sich nicht erinnern.

Am nächsten Morgen rufe ich Bodo Hombach an, den Geschäftsführer der Preussag Handel Düsseldorf. Der beleibte, aber außerordentlich wendige Mann war Wahlkampfmanager von Gerhard. Zuvor hatte er zweimal – sehr erfolgreich – Wahlkämpfe von Johannes Rau gemanagt. Pieper hatte ihn auf Anraten von Neuber eingestellt. Jetzt war ich als Aufsichtsratsvorsitzender des Handels sein Dienstherr.

Hombach hatte gerade die neue Strategie für die Endphase des Wahlkampfes in Niedersachsen entwickelt: Gerhard Schröder in der Rolle des Wirtschaftsfachmanns. Zuvor hatte er US-Wahlkämpfe untersucht und die daraus gewonnenen Erkenntnisse erfolgreich in den beiden Wahlkämpfen für Johannes Rau eingesetzt: »Johannes Rau für NRW«. Der nichtssagende Slogan war hervorragend angekommen, trotz oder gerade deswegen.

»Gerhard hatte hörbar Mühe, sich zu artikulieren.«

Hombach reagiert blitzschnell:. »Ich ruf mal bei ihm an«, sagt er.

Nach zehn Minuten ist Gerhard am Apparat. Die Stimme des Landesvaters klingt nach schlechtem Gewissen. »Du, ich muss mich, glaub ich, bei dir entschuldigen. War gestern Abend wirklich nicht gut drauf. Musste verstehen. Der ganze Stress und so. War ziemlich fettich.«

»Schon gut, kann ja mal passieren. Ich wusste nur nicht, was ich Böses angestellt hatte, dass du so aus der Haut gefahren bist. Zum Glück konnte ich nicht alles verstehen, was du so sagen wolltest.«

»War's wirklich so schlimm? Muss, glaub ich, doch besser aufpassen, wann ich noch was sage, und wann lieber nicht. Oda?«

»Wenn du dabei mal am Telefon heimlich mitgeschnitten wirst, siehst du ganz schön alt aus«, entgegne ich.

»War's wirklich so schlimm? Muss mich wohl entschuldigen dafür.«

»Nun ist aber gut mit der Entschuldigung«, entgegne ich dem Landesvater. »Wir haben nicht so viel Zeit. Bei der Situation im Unternehmen ist jeden Tag mit allem zu rechnen.«

»Nu sach ma, was machen wir denn jetz?«

Ich berichte dem Landesvater über die neuesten Entwicklungen vor Ort. Innerhalb der nächsten Monate, vielleicht sogar schon Wochen, werde sich Entscheidendes bewegen. Neuber sei alles zuzutrauen. Frenzel würde es dann auf seinen Befehl hin exekutieren. Es gelte jetzt, ganz engen Kontakt zu halten.

»Das hört sich ja nicht gerade beruhigend an«, sagt der Landesvater. »Man muss also mit allem rechnen?«

»So ist es. Wirklich mit allem«, entgegne ich ihm, »und zudem noch zu jeder Zeit.«

Hände weg vom Stahl

Die Gerüchte um den Verkauf der Stahlsparte der Preussag ins Ausland verdichten sich. Die Stimmung in Salzgitter wird von Tag zu Tag explosiver. Am 24. November 1997 kommt Gerhard Schröder persönlich zu den aufgebrachten Stahlwerkern nach Salzgitter, um die aufgeheizten Gemüter zu beruhigen. Schon auf dem Weg zum Gewerkschaftshaus wird er von Arbeitern und Angestellten empfangen. Transparente und Spruchbänder säumen den Weg bis zur großen Halle im ersten Stock. Das Gebäude summt wie ein Bienenhaus, die Wände hängen voller Plakate mit der einen Botschaft: »Hände weg von den Arbeitsplätzen der Hütte«.

So schallt es dem Ministerpräsidenten in Sprechchören entgegen, bevor er an die Mikrofone tritt. Er spricht sichtlich bewegt, aber dennoch ruhig und deutlich. Man spürt seine Ahnung, dass es nicht nur um die Zukunft der Stahlarbeiter geht, sondern auch um sein politisches Schicksal.

In Salzgitter wird sich entscheiden, ob Schröder noch Herr im Hause Niedersachsen ist oder die »Parteifreunde« von Rhein und Ruhr ihren Einfluss und ihre Macht schon bis hinter die Rübenfelder von Peine und Salzgitter ausgedehnt haben.

Also verspricht er den gespannten Stahlwerkern, dass Entscheidungen über die Zukunft der Stahlwerke in Peine, Salzgitter und Ilsenburg nur in Abstimmung mit der Landesregierung getroffen werden. Ganz sicher ist er sich dieser Aussage nicht, wie seine Tonlage dem wachen Beobachter verrät.

Am Ende droht der Landesvater verdeckt in Richtung Düsseldorf: »Wer den Wind des Ausverkaufs der Stahlarbeitsplätze in dieser Region sät, wird den Sturm des Widerstandes aus der Region ernten.«

Unerhörte Geständnisse

Kollege Schultze verplappert sich

Der Ausschuss für Wirtschaft und Verkehr des Niedersächsischen Landtags tagt am 28. November 1997 in seiner 72. Sitzung. Mein Kollege Arbeitsdirektor im Vorstand der Preussag AG, Wolfgang Schulze, ist als SPD-MdL Vorsitzender des Ausschusses. Da heute das Thema »Preussag« auf der Agenda steht, hält er sich ganz bewusst zurück. Als Vertreter des Wirtschaftministeriums trägt Staatssekretär Dr. Tacke vor: »Es ist bekannt, dass die Preussag AG eine strategische Neuausrichtung vornimmt. Das Unternehmen hat sich in den letzten Jahren von einer Reihe von Beteiligungen getrennt, etwa von solchen im Bereich Waggonbau, im Bereich der Telekommunikation, und hat sich stärker auf Transport, Logistik und Dienstleistungen konzentriert. Ein wesentlicher Teil des Unternehmens, ein Stück der Identität des Unternehmens, ist die Preussag Stahl AG ...«

MdL Eppers (CDU) aus Salzgitter fällt ihm ins Wort: »Der Preis (2,5 Mrd. DM) für den Kauf der Salzgitter AG durch die Preussag im Jahr 1989/90, der im Nachhinein aus den Rücklagen der Salzgitter AG bezahlt worden ist, war ein politischer Preis, kein Marktpreis. Der Bund hat damals erklärt, dass – um den Standort Peine/Salzgitter zu sichern – nicht an einen Konkurrenten von Rhein und Ruhr verkauft werden soll. Preis und Verfahren sollten so festgelegt werden, dass ein niedersächsisches Unternehmen ein niedersächsisches Unternehmen bleibe.« Auf gut Deutsch: Man hatte die Bundeskasse gnadenlos betrogen. Die Haushaltsordnung des Bundes sieht bekanntlich vor, dass »Vermögen der öffentlichen Hand nur zu seinem vollen Wert veräußert werden darf«. Und das hat seinen guten Grund: Öffentliches Vermögen ist schließlich das Vermögen aller Bürger.

Staatssekretär Dr. Tacke antwortet: »Was Sie jetzt gerade gesagt haben, das hatte ich in meinen Eingangsausführungen sehr vorsichtig und diplomatisch zu formulieren versucht, als ich im Zusammenhang mit der Frage der Integration von Stahlunternehmen in Mischkonzerne und zur Haltung von Konzernen zu einem solchen Unternehmen ausgeführt habe, dass es für die damalige Fusion auch Gründe gegeben hat, die im Übrigen im Landesinteresse lagen ... Ich glaube, dass die Tiefe der Konsequenzen im Allgemeinen nicht gesehen wird und dass man mit den Verpflichtungen in den Unternehmen nicht immer so umgeht, wie es eigentlich notwendig wäre.«

Durch den scharfen Angriff des Kollegen Eppers und dessen Bestätigung durch den Staatssekretär wird mein Vorstandskollege Schultze aus der Reserve gelockt. Er gibt dem Landtagsausschuss Interna um die Betrugsaktionen innerhalb der Preussag AG zu Protokoll: »Es hat zudem eine nicht unerhebliche Quersubventionierung für den Anlagenbau und für den Werftbereich gegeben. Ich möchte hier aus ganz bestimmten Gründen keine Beträge nennen, aber ich kann sagen, dass sich das dann, wenn man den Kaufpreis auf der einen Seite sieht und das, was dann andererseits im weiteren Verlauf an Subventionierungen, an Übernahme und an Vermeidung von Entlassungen geleistet wurde, ganz gut ausgleicht.«

Kollege Schultze hatte damit aus den tiefsten Tiefen des Preussag-Nähkästchens geplaudert und sensible Betriebsgeheimnisse verraten. In der Tat waren im Konzern 2,5 Mrd. DM verschoben worden. Und zwar eine Mrd. DM für den maroden Handy-Hersteller Hagenuk und 1,5 Mrd. DM für den Anlagenbauer Noell. Bei Hagenuk war der »Frenzel-Effekt« am schnellsten aufgetreten. Die Geschäftsführungen wechselten fast im Minutentakt. Unter der Führung von Pieper noch ein Wachstumsfeld mit stetig steigenden Umsätzen und Erträgen, schmierte der High-Tech-Bereich in Windeseile ab in den Orkus. Doch noch viel schlimmer entwickelte sich der Anlagenbau. Die Tochterfirma Noell befand sich quasi im freien Fall.

Noch am Abend ruft mich Alfred Tacke an und sagt mir, dass es bei uns im Konzern ja hoch hergehe. Mein Kollege Schultze habe in der ihm eigenen Naivität ausgeplaudert, im Konzern seien 2,5 Mrd. DM verschoben worden. Das habe er von seinen

Informanten aus der Preussag zwar auch schon erfahren, dass aber ein Vorstand des Unternehmens so etwas öffentlich erzähle und damit offiziell zu Protokoll gebe, sei ihm in seiner ganzen beruflichen Praxis noch nie untergekommen.

»Wie ist denn der Mann überhaupt in diesen Job geraten«, fragt er mich am Ende unseres Telefonates.

»Gerhard Schröder hat seinen Kollegen aus dem Aufsichtsrat der Expo gegen den Widerstand der IG Metall, die meinen Kollegen Geisler für diese Position vorgeschlagen hatte, in dieses Amt befördert.«

»Damit hat Gerdchen ja eine noch größere Katastrophe verhindert«, meint er sarkastisch.

Die Äußerungen des Kollegen Schultze sprechen sich in Windeseile herum. Auf der nächsten Vorstandssitzung kassiert er Prügel wegen seiner Landtagsbeichte. Kollege Frenzel ist stinksauer. Er, Schultze, sei ja wohl nicht ganz normal. Er bringe noch alle ins Gefängnis, wenn er solche sensiblen Informationen aus dem Konzern in die Öffentlichkeit trage.

Kollege Schultze verteidigt sich: Er habe doch nur die Politik des Konzerns erläutern und ihn vor Kritik schützen wollen. Außerdem habe er doch gar keine Zahlen genannt.

Und ob er Zahlen genannt habe, legt Frenzel nach. Jedes Schulkind in Hannover wisse doch, dass der Kaufpreis bei 2,5 Mrd. DM gelegen habe. Außerdem werde man die Verluste doch gar nicht zeigen, da gäbe es Mittel und Wege.

Kollege Schultze stammelt vergeblich eine Entschuldigung, bevor er mit hochrotem Kopf verstummt.

Noch eine Jagdgeschichte

In der zweiten Novemberhälfte findet traditionell eine Schwarzwildjagd in Salzgitter statt. Seit Jahrzehnten gewährt das Unternehmen diese »Belohnung« ausgewählten Kunden, verdienten Mitarbeitern mit Jagdschein und der obersten Führungsspitze. Wer hier teilnimmt, darf sich als geehrtes Mitglied in einem exklusiven Herrenclub mit Hang zu archaischen Ritualen fühlen.

Tagsüber wird gejagt. Abends wird die Strecke mit dem Jagdhorn »verblasen«. Danach wärmt man sich am Lagerfeuer mit Glühwein und Kurzen, in Sichtweite die »zur Strecke gelegten« Sauen. Die sind inzwischen von professionellen Jägern »aufgebrochen« und für den Abtransport vorbereitet. Dann wird der Bruch verteilt – wer ein »Stück« erlegt, d. h. geschossen hat, bekommt einen in Schweinsblut getränkten Tannenbruch an den Hut gesteckt.

Zum Abendessen – dem so genannten Schüsseltreiben – geben zwei Dutzend Jäger unter ständiger Alkoholzufuhr wortreich ihre Eindrücke zum besten. Wie immer hätten alle doppelt so große Beute machen können, wenn bloß dieses oder jenes Missgeschick nicht passiert wäre.

Später kommt in kleinerer Runde am Vorstandstisch die Frage auf, wer neuer Bundespräsident werden solle. Ob nicht für das Amt allein die Qualifikation zähle, unabhängig von der Parteizugehörigkeit, stelle ich in den Raum, und mache kein Hehl aus meinem Wunschkandidaten Johannes Rau.

Kaum ist der Name Rau gefallen, zischt Kollege Frenzel laut und vernehmlich etwas, das ich hier nicht wiedergeben möchte.

Ich bin perplex und wehre mich gegen solche Anwürfe einem ehrenwerten Mann gegenüber. Die Runde erstarrt.

Hatten wir uns verhört? Werden wir alle belogen, weil wir so etwas noch nie aus der Zeitung erfahren haben? Die eben noch vom Alkohol gelösten Zungen sind wie festgeklebt. Die Runde geht verstört auseinander.

Seitdem weiß ich, dass es Dinge gibt, die man besser nicht erzählen sollte – eben Geschichten, die sich alle hinter vorgehaltener Hand erzählen. Selbst die unmittelbar Beteiligten würden sie nicht offen zum Besten geben. Denen überlasse ich gerne den Vortritt.

Bargeld lockt

Am 5. Dezember 1997 treffen Frenzel und ich uns am Frankfurter Flughafen mit dem Vorstand der VoestAlpine AG, um über eine mögliche Kooperation zwischen den beiden Stahlwerken zu sprechen. Die VoestAlpine AG ist ein österreichisches Pendant zur Preussag Stahl AG. Ebenso wie die Preussag Stahl AG war der österreichische Stahlkonzern mit Hauptsitz in Linz in der Nazizeit Teil des Firmenimperiums von Hermann Göring. Die braunen Machthaber wollten mit einer starken Stahlindustrie die Basis für ihre Rüstungsschmieden schaffen, um so unabhängig wie irgend möglich von Lieferungen aus dem Ausland zu sein. Die Betriebe in Linz hießen damals Hermann-Göring-Werk Linz, in Salzgitter Hermann-Göring-Werk Drütte. Ein möglicher Zusammenschluss der beiden Konzern hätte also einen durchaus anrüchig-braunen Charakter gehabt.

Seit einem Jahr schon gibt es wenig fruchtbare Gespräche mit den österreichischen Kollegen, die partout auf einer Anschlusslösung bestehen, als gelte es eine historische Rechnung zu begleichen. Auch dieses Gespräch im Flughafen-Business-Center bringt uns keinen Schritt näher.

Vor dem Rückflug mit dem Firmenjet zieht sich Kollege Frenzel zu einem Telefonat zurück. Während des Flugs nach Hannover macht er mir ein Angebot: Bei einem Verkauf an British Steel gibt es 1 Mio. DM für jeden Vorstand, bei Verkauf an VoestAlpine eine halbe – natürlich zum BaT-Tarif (bar auf die Tatze). Auf meine Frage, was Neuber denn für einen Börsengang zahle, heißt es: natürlich nichts. Ich für meinen Teil lehne das Angebot sofort ab, möchte aber den Kollegen nicht den Zuverdienst verbauen und sie selbst fragen, ob sie eventuell anders denken als ich. Deshalb lade ich sie am gleichen Nachmittag zu einer Besprechung in mein Büro. Auch sie sind befremdet und lehnen ab. Ich freue mich über die Standhaftigkeit meiner Kollegen. Bei der nächsten Sitzung wird Frenzel informiert – natürlich außerhalb des Protokolls. Er ist menschlich von uns allen enttäuscht. So ein für ihn untypisches Managerverhalten hatte er wohl nicht erwartet.

Der Stahlmann in Aktion

Am 12. Dezember 1997 bin ich mit Gerhard Schröder in Hannover verabredet. Morgens storniert seine Sekretärin, Frau Scheibe, den Termin. Keine zwei Stunden später ruft sie wieder an: Ich solle mit den Unterlagen sofort nach Hannover in den Landtag kommen. Ich düse los und finde meinen Freund Gerhard dort mit seiner Sekretärin in einem kleinen, aber gemütlichen Büro direkt über dem Haupteingang des ehrwürdigen Landtagsgebäudes am Ufer der Leine.

An diesem Tag steht die Debatte über die Zukunft des Stahlkonzerns in Salzgitter auf der Agenda des Landtags. Wenn es um die Arbeitsplätze der Stahlarbeiter und damit um Landesinteressen geht, will sich keine Partei von der anderen etwas vormachen lassen. Bis zur Landtagswahl sind es schließlich nur noch drei Monate. Die Preussag Stahl AG ist in aller Herzen und aller Munde.

Gerhard Schröder braucht nun vor allem eines: gute Argumente. Über meinen Vorstandskollegen, den Arbeitsdirektor der Holding Wolfgang Schultze, und Wirtschaftsstaatssekretär Alfred Tacke, weiß er, dass die Preussag 2,5 Mrd. DM in der Bilanz verschoben hat. Ich bestätige ihm obendrein, dass die Preussag unter Pieper in weitaus besserer Form gewesen sei als unter Frenzel.

»Lass ma stecken. Ich weiß viel mehr, als du auch nur ahnst.«

»Ja, wenn das so ist, dann ist dir ja alles klar. Dann kennst du ja auch die Gründe für die Maßnahmen zur Geldbeschaffung und für die Eile, mit der sie durchgezogen werden sollen.«

Als ich ihm die Gewinnzahlen der Preussag Stahl AG der letzten Jahre präsentiere, staunt er nur.

»Das bring ich brühwarm. Darauf kannst du dich verlassen.« Der Ministerpräsident ist happy.

Als kleines Bonbon für seine Rede zeige ich ihm einen Artikel aus der FAZ vom 16. Mai 1994. Darin hatte der frisch gekürte

Kollege Frenzel damals getönt, was er mit der Preussag plane: »Die industrielle Basis des Konzerns bleibt auch unter meiner Führung erhalten (...) Es ist empirisch belegbar, dass der Eintritt in völlig neue Geschäftsfelder meistens schiefgegangen ist.«

Schröder ist begeistert: »Gib ma her das Blatt. Das bau ich auch noch gleich ein in meine Rede. Der Frenzel hat ja Supersprüche drauf. Un machn tut er jetz ganz genau das Gegenteil. Aber sach ma: Könn' wir als Land Niedersachsen den Stahl tatsächlich zum Buchwert übernehmen?«

»Nun ja«, entgegne ich ihm. »Eigentlich hat die Preussag die ganze Salzgitter AG ja »für lau« d. h. ohne finanzielle Gegenleistung vom Bund übernommen. Auch den Stahl. Der Kaufpreis war rein zufällig in der Kasse der Salzgitter AG drin. Die Wirtschaftsprüfer waren Teil der Geldverschieber-Truppe. Wenn jetzt also das Land Niedersachsen den Stahlbereich für den Buchwert [d. h. den Wert, mit dem das Unternehmen in den Büchern der Preussag steht, ca. 700 Mio. DM, H.-J. S.] zurückkauft, wäre das eigentlich das Reellste, was man sich vorstellen kann. Den beiden Unternehmen, der Preussag AG als Mutter und auch der Preussag Stahl AG als Tochter, entsteht kein Schaden und der Allgemeinheit auch nicht. Die Preussag hat ja in Wirklichkeit keinen Pfennig für dieses Schmuckstück an den Bund, also die Allgemeinheit, überwiesen. Leicht wird das allerdings nicht. Das müsste man in internen Gesprächen erst einmal antesten.«

»Wär aber keine schlechte Sache, oder?«

»Ne, auf keinen Fall. Aber Neuber hätte sicher was dagegen. Der braucht jetzt jeden Pfennig.«

»Dann weiß ich ers ma Bescheid. Bin, glaub ich, damit ganz gut präpariert.«

Bereits zu Beginn der Debatte steht fest: Alle Parteien sind für die Beibehaltung des Stahles in der Preussag. Keine Partei kann sich einen Verkauf vorstellen bzw. unterstützt ihn. Gerhard Schröder bringt den FAZ-Spruch von Frenzel in voller Länge. Dann betont er den dreistelligen Millionengewinn der Preussag Stahl AG, sekundiert von Ex-Kultusminister Horrmann (CDU) aus Peine: »So ist es!« Nun gehen die Pferde mit Gerhard Schröder durch. Jetzt plaudert er Interna aus: »Das ist alles andere, meine ich, als eine schlechte Vorstellung, da es im Konzern – so unsere Recherchen – Geschäftsbereiche gegeben hat und noch gibt, die – um es sehr vorsichtig zu sagen – in der Zeit, um die es hier geht, deutlich weniger verdient haben als die Stahl-AG.« Damit hat der Ministerpräsident ganz schön blank gezogen. Das ist schon ziemlich gefährlich für ihn. Er hat damit seine intime Kenntnis der Preussag-Finanzen offenbart.

Schröder deutet nun an, das Land wolle das Unternehmen möglichst zum Buchwert erwerben, und schätzt zugleich die Erfolgsaussichten dieses Plans als gering ein. Damit ist diese Variante dummerweise fast tot, bevor man sie taktisch sinnvoll einstielen kann – denn natürlich erfährt der Preussag-Vorstand brühwarm, was in diesem Hause gesprochen wird.

Vier Tage später treffe ich Gerhard Schröder nach Feierabend in der Staatskanzlei. Es ist still an diesem Abend in seinem Büro. Wir kommen ins Plaudern und Philosophieren. Der Stress sei doch ziemlich extrem zur Zeit, zuckt er mit den Achseln. Ich gebe ihm Recht und wende ein, dass sich das in einem so konstruktiven Zusammenspiel gut aushalten ließe.

»Dann ist es wirklich halb so schlimm. Da hast du Recht«, stimmt er zu. Das kenne er aus eigener Erfahrung. Ob er sich bei seiner Rede am 12. Dezember nicht zu weit aus dem Fenster gelehnt habe, frage ich vorsichtig an. Die Sache mit den Schwierigkeiten, in denen sich viele Tochterfirmen der Preussag nach »eigenen Recherchen« befänden, sei doch schon ziemlich harter Tobak gewesen.

Das habe er gar nicht so empfunden, meint Gerhard. »Dass sich die Preussag in vielen Bereichen in außerordentlich schwierigen Problemlagen befindet, ist doch aber überall bekannt.«

»Zwischen dem Wissen um die Probleme und dem Reden darüber liegt ja nun ein wesentlicher Schritt«, wende ich ein. »Schließlich ist die Preussag ein börsennotiertes Unternehmen. Da sind Worte durchaus auf die Goldwaage zu legen.«

»Das ist in Deutschland Gott sei Dank nicht so schlimm«, beschwichtigt Gerhard. »In der Deutschland AG haben wir das ganz gut unter Kontrolle.«

Gerhard ist guter Laune. Zur Feier des Tages öffnet er eine Flasche Champagner, lässt den Korken dezent knallen und schenkt ein. Wir prosten uns zu. Bis jetzt haben sich die Dinge ausnahmslos in die richtige Richtung entwickelt.

Was ist, was wird. Mit wenigen Worten erkläre ich ihm die Lage anhand der mitgebrachten Unterlagen und erläutere ihm die Handlungsalternativen. Erste Wahl bleibe der Börsengang der Preussag Stahl AG. Wenn das nicht unter dem Dach der Preussag-Holding klappen sollte, dann eben mit Hilfe der Landesregierung in Hannover und der NordLB.

»Ja, du hast Recht«, bestätigt Gerhard. »Alles andere können wir beide nicht akzeptieren. Und müssen es auch gar nicht. Iss doch so, oda?«

Wir unterhalten uns über die Struktur der Preussag und die Einflussnahme der WestLB auf die Geschäfte des Unternehmens. Ihm mache besonders der Einfluss seines Parteifreundes Rau auf die Strategie der WestLB und damit der Preussag Sorgen. Der NRW-Ministerpräsident ist ganz offensichtlich kein Freund seines niedersächsischen Kollegen. Ganz milde formuliert. Ich erzähle ihm die Begebenheit mit Rau, die Kollege Frenzel bei der Jagd zum Besten gegeben hatte. Angeblich kennt er die Geschichte nicht. Sein wissender Blick verrät mir aber, dass sie in sein Bild von Johannes Rau passt. Politiker in Deutschland sind eben abgebrühter, als sich Otto Normalverbraucher das in seinen wildesten Albträumen vorstellt.

Der »Pate« grummelt

Am 17. Dezember 1997 treffe ich mich morgens mit Vorständen der NordLB, um mit ihnen den Börsengang bei der Preussag Stahl AG auszuloten. Die Herren sind erstaunt über die Ertragskraft des Unternehmens. Bisher hatten sie nur Negatives erfahren. Man sei durchaus interessiert, sich dem Thema einer Beteiligung an der Stahlgesellschaft zu nähern. Eine Abpufferung des Risikos für die Bank durch das Land Niedersachsen wäre den Bankern dabei aber nicht unlieb.

Zu Mittag bittet mich Frenzel in das englische Zimmer auf der

Preussag-Vorstandsetage. Wir besprechen bei einem leichten Salatmenü die denkbaren Möglichkeiten der Zukunft der Preussag Stahl AG. Ich werfe als eine denkbare Variante den Kauf des Unternehmens durch das Land Niedersachsen in den Ring. Auf die Frage nach dem Kaufpreis nenne ich den Buchwert – ca. 700 Mio. DM.

»Das bringt der Preussag dann zwar keinen Buchgewinn«, erläutere ich meinem Kollegen, »aber da die Preussag das ganze Unternehmen geschenkt bekam, ist das nur fair. Das wäre eine Geste dem Land gegenüber und würde die Landeskasse weniger belasten. Die Startbedingungen für das neu an die Börse zu bringende Unternehmen sind damit ebenfalls verbessert.«

Frenzel ist außer sich. »Und das soll ich Neuber erklären?«, fragt er mich.

»Ja«, antworte ich, »so haben Gerhard Schröder und ich uns das vorgestellt.«

»Davon habe ich schon gehört. Das hat Schröder doch auch schon im Landtag erzählt«, fährt Frenzel fort.

»Ja, das stimmt«, antworte ich, »Schröder spielt eben mit offenen Karten.«

»Haben Sie ihm das beigebracht?«, fragt mich mein Kollege.

»Nein«, antworte ich, »das ist das Ergebnis der Gespräche zwischen den bis dato Beteiligten.«

»Also auch mit Ihnen.« Mein Oberkollege schaut mich mit großen Augen an. »Sie trauen sich aber wirklich was. Sie haben doch Familie, oder nicht?«

»Werter Kollege«, entgegne ich, »was soll denn das heißen? Sie wollen mir doch nicht etwa drohen?«

»Ich frage ja nur.« Frenzel ist regelrecht geschockt. »Letztlich müssen Sie wissen, was Sie machen. Neuber kann ich doch mit so etwas nicht kommen. British Steel will schließlich das Doppelte zahlen. Also doppelten Buchwert.«

»Aber für die Salzgitter AG inklusive der Stahlgesellschaft hat die Preussag AG damals doch überhaupt nichts gezahlt. Das wissen Sie und Neuber doch sehr genau«, entgegne ich.

»Und Sie meinen wirklich, dass ich das Neuber sagen soll?« Frenzel steht immer noch sichtbar unter Schock.

»Ich glaube, wir sollten das Gespräch jetzt beenden. Das ist besser so.«

Frenzel schüttelt den Kopf.
»Ist ja bald Weihnachten«, wende ich ein. »Da können ja alle Seiten noch mal in Ruhe in sich gehen und sehen, was aus Gesamtsicht die optimale Lösung ist.«
»Ja, dann tschüs.«

Gestaltung, Umgestaltung

Zwei Tage vor Weihnachten meldet sich Bodo Hombach. Er hat lange mit Gerhard Schröder über die Zukunft der Preussag Stahl AG gesprochen. Wenn die Preussag schon verkaufen will, dann zu Bedingungen, die die Landesregierung mitgestalten und akzeptieren kann.
Um 17 Uhr treffe ich mich mit Gerhard Schröder in der Staatskanzlei. Er ist an diesem Nachmittag so kurz vor Weihnachten in sehr aufgeräumter Stimmung. Ein Fernsehteam, das ihn interviewt hat, baut gerade ab. Schröder unterstützt die Strategie des Vorstands zur Verselbstständigung des Stahlbereiches nachdrücklich und im Einklang mit allen Landtagsparteien. Ich berichte ihm von den Informationen aus der Preussag, nach denen Neuber total sauer – speziell auf mich – ist. Da er Frenzel die nötige Durchsetzungskraft offenbar nicht zutraut, scheint Neuber sich nun selbst einzuschalten. Er hat weitreichende Beziehungen und ist zu allem fähig. Das ist allen Beteiligten klar. Mein Besuch bei Frenzel und der Wunsch der Landesregierung und des Stahl-Vorstandes, die Stahl-Tochter zum Buchwert zu übernehmen, hat bei Neuber offensichtlich eingeschlagen wie eine Bombe. Er hält Frenzel tatsächlich für nicht hart genug, die Angelegenheit im Sinne der NRW-Landesbank zu lösen. Die »Lösungen« von Friedel Neuber sind in SPD-Kreisen durchaus umstritten. Man sagt ihm einen Hang zur Brutalität nach. Mit einigem Entsetzen stelle ich fest, dass die Genossen ihn im Grunde alle fürchten. Man traut Friedel Neuber offenbar alles zu.
Gerhard Schröder sieht das zwar gelassen, meint aber, Neuber sei als »Schwerstkrimineller, der nicht zu packen ist, da er alle im Sack hat«, nicht zu unterschätzen. Ich soll mich daher an Glo-

gowski wenden. Als Innenminister sei der dafür zuständig, mich vor Neuber zu schützen. Außerdem gehört er ja auch unserem Aufsichtsrat an.

Das Gespräch kommt dann auf die Entwicklung innerhalb der Preussag. Sein Eindruck sei der, dass Neuber und Frenzel die Firma als ihr persönliches Eigentum betrachteten. Der Eindruck sei durchaus richtig, bestätige ich ihm. Da würden zum Beispiel Geschenke gemacht, die jedem selbstständigen Unternehmer sofort die rote Karte einbrächten. Bei der WestLB/Preussag-Gruppe schaue die Steuerfahndung aber offensichtlich gar nicht erst rein oder ganz absichtsvoll vorbei.

In bester Laune verabschiedet sich der Landesvater am Ende unseres Gespräches in den wohlverdienten Weihnachtsurlaub mit der Familie. Ich solle aber auf jeden Fall Glogo ansprechen. Man brauche mich noch – und zwar lebend.

Polizeischutz

Am nächsten Tag, einen Tag vor Weihnachten, steht das Treffen mit Glogowski in Braunschweig an. Mein Kollege Arbeitsdirektor Geisler, der sich zu den persönlichen Freunden von Glogo zählt, ist mit dabei. Ich unterrichte die beiden Herren über die letzten Entwicklungen um das Unternehmen und auch dezent über die Bedrohungslage gegen meine Familie und mich sowie Gerhard Schröders Empfehlung vom Vortag. Da mein Kollege mit dabei ist, deute ich die Dinge lediglich diskret an. Glogo bittet mich beim Rausgehen, ihn morgen dazu konkreter zu informieren.

Über Dr. Curdt, unseren Aufsichtsrat aus dem NordLB-Vorstand, hatte ich gehört, dass Saßmannshausen – offensichtlich im Auftrag der Preussag – seinen NordLB-Oberkollegen Bodin bezüglich der Stahlgesellschaft völlig verunsichert habe. Bodin treibt nun hilflos in einem Informationsbrei aus Halbwahrheiten, Lügen und Fakten. Um die Zusammenhänge klar zu stellen und den Oberkollegen zu beruhigen, verabreden wir einen Termin mit der NordLB und dem Land »zwischen den Jahren« am

29. Dezember. Dr. Curdt bittet mich, insbesondere die Zahlen der letzten Geschäftsjahre bereit zu halten.

An Heiligabend telefoniere ich mit Glogo, um ihm die Zusammenhänge im Fall Rau/Frenzel näher zu erläutern. Glogo ist entsetzt. Er sagt mir, er werde sich um die Sicherheit von meiner Familie und mir kümmern. Schon am Nachmittag besucht mich ein Mitarbeiter der Polizei Peine, um mit mir die Einzelheiten des Polizeischutzes zu besprechen. Es geht sofort los. Schon am nächsten Tag fahren die Polizeiwagen Streife auf dem Hof oder stehen vor der Einfahrt. Im Dorf brodelt die Gerüchteküche. Was hat der Selenz angestellt, dass die Polizei ständig bei ihm vorfährt?

Stahlverkauf zum Ersten

Gestohlenes Tafelsilber

Über den Jahreswechsel 1997/1998 habe ich aus dem Rathaus in Salzgitter erfahren, dass es bindende Verträge zwischen dem Bund und der Preussag über den Umgang mit dem ehemals staatlichen Vermögen der Salzgitter AG gibt. Man wirft mir sogar vor, als Preussag-Vorstand diese Verträge zu verletzen. Diese Verträge schreiben u. a. ausdrücklich fest, dass nur 2.500 Wohnungen verkauft werden dürfen, um die Rückzahlungen der Preussag-Tochter HDW an den Iran leisten zu können.

Ich kannte bisher derartige Verträge nicht. Daher fordere ich sie am 5. Januar bei Kollegen Frenzel sofort an. Der gibt sich am Telefon sehr zugeknöpft. Er will mir die Vertragsunterlagen nicht aushändigen. Das sei geheim.

Als ich auf meine sehr nachdrückliche schriftliche »Bitte« hin endlich die Verträge in Händen halte, bin ich entsetzt. Der Oberbürgermeister in Salzgitter hatte Recht – die Preussag verletzt eindeutig die Verträge mit der Bundesregierung. Damit sind – natürlich – auch alle Jahresabschlüsse der letzten Jahre Makulatur. Um Löcher in der Bilanz auszugleichen, sind über die ursprünglich festgelegte Zahl von 2.500 Wohnungen hinaus weitere 6.000 Wohnungen verkauft worden – gegen bestehende Verträge mit der Bundesrepublik Deutschland und gegen die Bestimmungen der Bundeshaushaltsordnung. Die Erträge in den Jahresabschlüssen sind somit allesamt erschwindelt. Statt operative Gewinne einzufahren, hatte man nur fremdes Tafelsilber verkauft.

Am 6. Januar 1998 treffe ich mich mit Neuber in der WestLB-Filiale in Münster. Auf die Verträge mit der Bundesregierung angesprochen, zeigt der »Pate« nun sein wahres Gesicht: Man habe sich an Verträge nicht zu halten. Schon gar nicht mit der Bundesregierung. Da solle ich mir keinen Kopf machen. Das gehe mich gar nichts an. Basta.

Dann erzähle ich ihm die Jagdgeschichte über Rau, um ihm klarzumachen, dass auch ich zum exklusiven Club der Eingeweihten gehöre.
Er raunzt mich an: »Wer hat Ihnen das erzählt?«
»Frenzel.«
»Der ...!«

Gleich am 7. Januar morgens formuliere ich einen Brief an meinen Kollegen Frenzel. Darin fordere ich eine Sonderprüfung des aktuellen Jahresabschlusses durch einen zweiten unabhängigen Wirtschaftsprüfer. C&L/PwC ist ganz offensichtlich Teil der mafiösen Verstrickungen im Unternehmen. Die Herrschaften kennen nämlich die Verträge sehr genau. Sie sind damals mit ihrer Hilfe erstellt worden.

Ansonsten werde ich den Jahresabschluss nicht unterschreiben. Das hat mein Kollege jetzt auch schriftlich. Ich hatte noch seine Ankündigung im Ohr, sich nicht wie sein Vorgänger Pieper aus dem Vermögen des Unternehmens zu bedienen, um das Ergebnis zu »gestalten«. Der hatte angeblich 50 Mio. DM zu diesem Zweck verwendet.

Waren es zur Jahreswende 1997/1998 »nur« 2,5 Mrd. DM, die mein Exkollege Frenzel zur Ergebnispolitur einsetzte, so hat er bis heute seinen Vorgänger Pieper mit deutlich mehr als 15 Mrd. DM und damit um den Faktor 300 übertroffen. Das gesamte Staatsvermögen der alten Salzgitter AG von 15 Mrd. DM ist inzwischen weg – verbrannt. An Stelle dessen klafft nun ein tiefrotes Schuldenloch von mehreren Milliarden Euro. Der von der Preussag induzierte Fünf-Milliarden-Konkurs ihrer »Müllhalde« Babcock Borsig AG ist dabei sogar noch zu addieren.

Invasion aus den Alpen

Ebenfalls am 7. Januar erhalte ich morgens einen Anruf meines österreichischen Kollegen Peter Strahammer, Vorsitzender des Vorstands der VoestAlpine AG. Er eröffnet mir, dass die Voest Alpine AG die Preussag Stahl AG bereits am 30. Dezember 1997, also vor einer Woche, gekauft habe. Nun wolle er das weitere

Vorgehen mit meinen Kollegen und mir abstimmen und noch am selben Tag nach Salzgitter kommen. Meine Antwort: An Zusammenarbeit sei nicht zu denken, allerdings wolle ich ihn von einem Besuch nicht abhalten. Er ist hörbar erstaunt. Sein Privatjet steht ohnehin in Linz startklar bereit – die Sache war also schon lange abgemacht.

Zwei Stunden später ist er da. Ich chauffiere ihn vom Flughafen in Braunschweig zum Vorstandstreffen in einem Hotel der Braunschweiger Innenstadt. Kollege Strahammer eröffnet uns dort, dass er sich mit den Herren der Preussag einig sei und damit das Unternehmen quasi übernommen habe. Ob ich denn davon gar nichts mitbekommen habe?

Es gehe doch eigentlich nur noch um Formalien.

Zu seiner offenbar größten Überraschung muss er, wie schon am Morgen, feststellen, dass die Übernommenen mit der als durchaus feindlich empfundenen – weil heimlichen – Übernahme überhaupt nicht einverstanden sind. Und sie wehren sich sogar. Alles Bitten und Betteln um Aufgabe der harten Position hilft nichts. So einfach wollen wir uns nicht schlucken lassen.

Draußen toben stürmische Winde und Hagelschauer. Ein Wintergewitter mit Blitz und Donner entlädt sich über Braunschweig. Selbst der Himmel scheint zu grollen. Dem Invasor aus den Alpen wird sichtlich mulmig. Auf der Rückfahrt zu seiner Maschine bittet mich der österreichische Kollege, es mir doch noch einmal zu überlegen. Ich würde schließlich stellvertretender Vorstandsvorsitzender der neuen, fusionierten Gesellschaft. Er sei ja zudem um einiges älter als ich. So wäre es doch ganz klar, dass ich schon nach kurzer Zeit den Vorsitz übernähme und er sich in den Aufsichtsrat zurückzöge. Das könne er mir in die Hand versprechen.

Vergeblich. Ich begleite den frustrierten Mann zu seiner Maschine und verabschiede mich artig, aber bestimmt von ihm. Er bittet mich, nochmals zu bedenken, dass immerhin Herr Neuber den Deal ausgehandelt habe. Er an meiner Stelle würde sich ganz genau überlegen, ob er sich mit einem solch mächtigen Mann anlegen würde. Sichtlich frustriert hebt der Österreicher ab.

Jetzt glühen die Telefone. Die Überraschung kommt aus der IG-Metall-Zentrale in Frankfurt. Unser Aufsichtsrat und IG-Metall-Vorstand, Horst Schmitthenner, ist mit unserer harten

Haltung gegenüber der feindlichen Übernahme keineswegs einverstanden. Er, der Gewerkschaftsvertreter im Aufsichtsrat der Muttergesellschaft, übermittelt uns, wenn wir das mit der Fusion mit der Voest nicht machten, kriegten wir es mit ihm zu tun. Der »flinke« Metaller hat mal eben die Seiten gewechselt ... Das kann ja heiter werden!

Kohle ohne Ende

Am Morgen des 8. Januar fliege ich mit unserem Firmenjet von Hannover nach Düsseldorf. Ein Vorstandsgespräch mit den Thyssen-Kollegen über das leidige Thema Kohlebezug von der Ruhrkohle AG ist angesetzt. Seit Jahrzehnten steht dieses Thema auf der Agenda fast jedes hochkarätigen Treffens in der Stahlwirtschaft. Ein Drama ohne Ende: Die Ruhrkohle ist ein Überbleibsel der alten Montan-Herrlichkeit an Rhein und Ruhr. Damals, als die Dampfmaschinen noch die Stahl- und Walzwerke antrieben, war die Kohle aus den tiefen Schächten des Ruhrreviers das Lebenselixier der deutschen Industrie, »schwarzes Gold«.

Heute trägt dieses schwarze Gold ganz kräftig zum beschleunigten Niedergang des Industriestandortes Deutschland bei. Die Kohle von Rhein und Ruhr ist vier- bis fünfmal so teuer wie Importkohle und verschlingt in jedem Jahr zig Milliarden an unsinnigsten Staatsbeihilfen. Die gehörten eigentlich in Schule und Universitäten sowie in die Entwicklung alternativer Energien mit realistischer Zukunft. Kein verantwortlicher Politiker hat sich allerdings bisher getraut, der harten Realität ins Auge zu sehen und den Wahnsinn zu stoppen. Solange es noch den kleinen, aber feinen Club der Subventionsprofiteure gibt, wird sich daran auch in der nächsten Zukunft nichts ändern.

Dabei hatte es die deutsche Stahlindustrie vorgemacht, wie man Strukturveränderungen rechtzeitig, schnell und effektiv umsetzt. Die Förderung deutschen Eisenerzes wurde bereits vor Jahrzehnten eingestellt. Dies, obwohl z. B. noch Milliarden Tonnen Eisenerz zwischen Harz und Heide lagern. Das deutsche Arm-Erz ist längst durch Reich-Erze aus Schweden und

Übersee ersetzt worden. Die Verarbeitung deutschen Erzes wäre nicht nur ökologischer Unfug gewesen. Ein solches, auch aus volkswirtschaftlicher Sicht unsinniges Treiben hätte man nur mit Subventionen aufrecht erhalten können.

Die volkswirtschaftlich und ökologisch ebenfalls unsinnige Kohleförderung in deutschen Revieren läuft dagegen munter weiter. Man schickt auch heute noch Zehntausende Kumpel in die stets gefährlichen Schächte. Jeder aktive Kumpel kostet den deutschen Steuerzahler Jahr für Jahr 80.000 Euro. Tendenz steigend...

Schlimm ist dabei aus Sicht der Stahlindustrie, dass in der Öffentlichkeit bei Nennung der Montan-Industrie Kohle und Stahl stets munter vermischt werden. Dabei verdient der Stahl schon seit Jahrzehnten gutes Geld. Zumindest die Firmen, die gut geführt werden, wie Thyssen und Preussag Stahl. Da, wo die alten Ruhrbarone noch das Sagen haben, wie z. B. bei Krupp, sah es mitunter nicht ganz so gut aus.

Krupp ist auch zur Jahreswende 1997/1998 wieder einmal dabei, die existenzbedrohenden Probleme auf dem Rücken anderer zu lösen. Nachdem man zuvor bereits Hoesch ausgeplündert hatte, ist man nun dabei sich auf Kosten der Thyssen-Aktionäre zu sanieren. Die neue Verbindung der beiden Stahlunternehmen ist nach Aussage eines Thyssen-Topmanagers die Hochzeit eines Spitzensportlers (Thyssen) mit einer Leiche im fortgeschrittenen Stadium der Verwesung (Krupp). Doch der Vorsitzende der Krupp-Stiftung war immer noch »der« Mann im Revier. Schließlich hat Krupp mit der Villa Hügel eine so tolle Zentrale für die Krupp-Stiftung, dass man schon deshalb das Unternehmen nicht einfach abschmieren lassen kann.

Der Gegenangriff

Fakten für die Akten

Nach dem Gespräch in Duisburg steht noch ein Treffen mit Neuber in der WestLB-Zentrale in Düsseldorf an. Mein Aufsichtsratsvorsitzender hat mich extra darum gebeten. Ein Fahrer von Thyssen bringt mich zur Herzogstraße. Dort eröffnet mir Neuber in seinem Büro, dass die Sache mit dem Stahl gelaufen sei. Ich solle – ebenso wie meine Kollegen – für den Verkauf stimmen. »Überlegen Sie genau, was Sie machen. Ich rate Ihnen, sich ein Beispiel an Ihren Kollegen zu nehmen«, so der »Pate« in einigermaßen ruhigem, wenn auch drohendem Ton.

»Das werde ich auf keinen Fall tun.«

Neuber ist sichtlich verblüfft. Er schaut mich konsterniert an.

Mit dem Jet fliege ich umgehend nach Hannover zurück, zur Vorstandsitzung der Preussag AG. Am Privatflieger-Terminal wartet mein Fahrer und fährt mich auf direktem Wege zur Preussag-Zentrale.

Ich betrete den Sitzungsraum. Meine Vorstandskollegen mustern mich mit eisigen Blicken. Auf dem Tisch liegen vor jedem Platz Kopien des Kaufvertrages. Kaum habe ich mich gesetzt, eröffnet Kollege Frenzel die Sitzung. Man wolle jetzt über den Verkauf der Preussag Stahl AG an die Voest abstimmen. Wer dafür sei, solle die Hand heben.

»Gemach, gemach«, unterbreche ich den Oberkollegen, mit dem offensichtlich die Pferde durchgehen. »Es handelt sich schließlich um das Herzstück des Konzerns. Da bin ich der Meinung, wir sollten schon ein wenig über die Folgen für den Konzern sprechen.«

Ein allgemeines Grummeln hebt an.

»Ja, o.k., können wir machen«, sagt Kollege Frenzel daraufhin. »Wer will dazu etwas sagen?«

»Na, ich zum Beispiel«, entgegne ich. »Ich hoffe, Sie haben

nichts dagegen.« Zuerst frage ich, ob die Kollegen den Vertrag schon gelesen hätten.
Allgemeines Schweigen.
»Ein außerordentlich bemerkenswerter Vorgang«, halte ich fest. »Wir sind immerhin die verantwortlichen Organe einer DAX-Gesellschaft!«
Die Kollegen gucken verschämt an die Decke.

Der Schwenk hin zum Tourismus sei eine fatale Entscheidung. Ich halte Frenzel seine eigene Aussage aus der FAZ vor, nach denen der Schwenk in einen neuen Bereich in aller Regel mit einem Fiasko und nicht mit einer Fiesta ende. Schließlich verstoße ein Verkauf des Stahlbereiches ebenso wie der Verkauf der Wohnungen auch noch gegen den Vertrag zwischen der Bundesrepublik Deutschland und der Preussag AG aus dem Jahre 1989.

Ich betone noch einmal, dass ich daher und wegen der Milliardenmanipulationen im Anlagenbau und bei Hagenuk den Jahresabschluss der Preussag für das abgelaufene Jahr nicht unterzeichnen werde.

Betretenes Schweigen. Die Kollegen schauen entgeistert an die Decke oder in die Runde. Frenzel fasst sich als Erster. »War's das oder hat noch jemand was zu sagen. Dann lasse ich abstimmen.«
»Wer ist dafür?«
Sieben Kollegen heben die Hände.
»Wer ist dagegen?«
Ich hebe die Hand.
»Dann ist ja alles klar. Sieben zu eins. Ich stelle fest, wir haben die Preussag Stahl AG mit der Mehrheit der Stimmen im Vorstand verkauft. Ich danke Ihnen meinen Herren. Die Sitzung ist geschlossen ...«
Mahlzeit!

Du hast keine Chance ...

Zurück im Büro, nehme ich zuerst Kontakt zu meinen Kollegen in Salzgitter auf. Die sind nach dem gestrigen Auftritt des österreichischen Kollegen schon gut im Bilde und daher über die

Entwicklung nicht sonderlich erstaunt. Der Wille zur Abwehr dieses Angriffs ist vorhanden.

Die Staatskanzlei hat sich schon gemeldet: Ich solle dort anrufen, aber vorher noch schnell mit der NordLB sprechen. Da gibt es offenbar noch Widerstand gegen ein Engagement des Landes und seiner Landesbank im Stahl. Insbesondere der Chef, Manfred Bodin, ist noch nicht ganz überzeugt. Ich rufe bei Dr. Curth und bei Bodin selbst an. Nachdem ich Herrn Bodin nochmals aufgezeigt habe, dass der Stahlbereich auch im laufenden Geschäftsjahr sehr profitabel sein werde, gibt er den Widerstand langsam auf. Wenn man die Aktien kurzfristig an die Börse bringe, so mache ich ihm den Deal weiter schmackhaft, winke vielleicht sogar ein erklecklicher Gewinn.

Das überzeugt ihn vollends. Man werde mit der Staatskanzlei sprechen, sagt mir Bodin. Wenn das so ist mit den Zahlen – die er sich offensichtlich selbst noch gar nicht angeschaut hat – und zudem das Land bürge, sähe er nun kein Problem mehr.

Die Staatskanzlei ihrerseits ist erfreut, dass die Banker nunmehr aus freien Stücken mitmachen wollen. Schröder ist erleichtert. Wir verfassen ein Schreiben an Frenzel. Dessen Inhalt: Land und NordLB treten als Kaufinteressenten auf. Basta!

Wird es gelingen, den schon erfolgten Verkauf noch einmal umzubiegen, um den Börsengang des Unternehmens hinzubekommen?

Frenzel hat den Stahlvorstand nach Hannover in die Zentrale einbestellt. Mit so viel Widerstand hat keiner im Konzern und bei der WestLB gerechnet.

Wir treffen uns im Kreise der Kollegen in einem der Besprechungsräume im zweiten Stock. Zuerst unterrichte ich die Kollegen nochmals persönlich über den letzten Stand der Dinge.

Dann ist Frenzel an der Reihe – als Druckmacher. Er droht mit dem Austausch des kompletten Vorstands, falls die Verkaufsverhandlungen scheiterten. Man wolle sich auf alle Fälle vom Stahl trennen. Ein Börsengang würde zu lange dauern, daher habe man das Unternehmen kurzfristig verkauft. Die Kollegen weichen gleichwohl nicht von der Stange. Die Tatsache, dass das Land unseren Wunsch nach einem Börsengang unterstützt, baut auf. Wir halten weiterhin dagegen! Frenzel stiehlt sich verlegen aus dem Raum. Die Stimmung im Stahlvorstand ist erregt, aber nicht ängstlich. Wir sind alle guten Mutes.

Plötzlich kommt ein Herr vom Hausservice ganz aufgeregt in den Raum. Herr Selenz solle bitte umgehend zu Herrn Dr. Frenzel kommen. Ich begebe mich über die Hintertreppen in den vierten Stock. Frau Müller bittet mich sofort in das Büro des Kollegen Frenzel.

»Da ist ein Schreiben gekommen. Von Gerhard Schröder. Der will jetzt wohl den Stahl kaufen. Wissen Sie davon?« Frenzel ist puterrot angelaufen. Das Angebot der Landesregierung hat ihn ganz offensichtlich kalt erwischt.

»Kommt mir irgendwie bekannt vor«, antworte ich. »Ich hatte mit Ihnen doch schon vor Weihnachten über die Kaufabsichten der Landesregierung gesprochen.«

»Was sollen wir denn jetzt machen? Das Unternehmen ist doch schon verkauft. Das kommt jetzt zu spät.« Kollege Frenzel ist völlig ratlos. Damit hatte er nicht gerechnet.

»Warten wir doch mal ab«, halte ich dagegen. »Vielleicht hat der Ministerpräsident ja wichtige Argumente, die die ganze Angelegenheit in einem ganz anderen Licht erscheinen lassen. Man sollte niemals nie sagen.«

»Neuber will sich morgen in Düsseldorf mit Schröder treffen.«

»Das hört sich doch schon ganz gut an. Wer weiß, was noch alles kommt?«

»Wenn Sie das mit Ihrer Forderung nach einer Sonderprüfung des Jahresabschlusses von gestern meinen – das müssen Sie wieder zurücknehmen. Sie wissen doch ganz genau, dass eine Sonderprüfung des Jahresabschlusses nicht in Frage kommt.«

»Das wollen wir doch erst einmal sehen. Ich nehme kein Schreiben zurück. Damit das klar ist«, entgegne ich.

Frenzel ist auf 180. »Und dass Sie das, was ich bei der Jagd in Salzgitter berichtet habe, vorgestern in Münster Neuber erzählt haben, ist ungeheuerlich. Ich hatte das doch nur im Jagdkreis erzählt.« Der Mann ist geknickt.

»Mein lieber Kollege«, antworte ich, »ich bin heute noch

geschockt über das, was Sie uns da berichtet haben. Ich weiß gar nicht, wie Sie das aushalten. Sie sollten sich was schämen. Ende!«

Bei Schröders unterm Dach

Am Abend dieses Tages bin ich bei Gerhard Schröder zu Hause eingeladen. Für das morgige Treffen mit Neuber in Düsseldorf wollen wir die Strategie abstimmen.

Mein Fahrer bringt mich vorher zum Bahnhof. Dort kaufe ich für Doris die neueste CD von den Stones. In der Arnswaldstraße 23 stehe ich vor einem unscheinbaren Haus. Hier also wohnt der oberste Chef der Niedersachsen. Vor der Tür stehen ganz unauffällig Beamte der Polizei, die die Familie Schröder bewachen.

Ob ich hier richtig sei beim Ministerpräsidenten? Man weist auf die Eingangstür. Nach Nennung meines Namens werde ich ohne Formalitäten durchgelassen und steige hinauf bis zum Dachgeschoss.

Die Wohnung ist sparsam und stilvoll eingerichtet. Ein großer Raum mit einem kleinen Balkonvorbau, der den Blick in die Straßenflucht und über einige der angrenzenden Häuser gestattet. Bilder von einigen durchaus bedeutenden Neuzeit-Malern zieren die Wände.

Ob ich schon etwas gegessen habe? Aber ja doch. Gerhard fragt mich dann, ob ich Weißwein oder Rotwein zur Feier des Abends bevorzugen würde. Ich entscheide mich für Rotwein. »Das trifft sich gut, der Weißwein ist nämlich gerade ausgegangen. Hahaha!«

Der Rote ist exzellent. Doris stellt noch etwas zum Knabbern auf den Tisch, legt dann die neue CD ein und beginnt, sich die Stones anzuhören. Ob ich die möge, fragt Gerd. Und ob! Da schüttelt er den Kopf und murmelt: »Die Stahlbosse früher hatten aber noch ganz andere Musikvorlieben.«

Doris hört unserem Gespräch sehr aufmerksam zu. Zwischendurch unterhalten wir uns über Bodo Hombach. Seine Lobbyarbeit für die SPD hatte die Ausmaße eines Fulltime-

Jobs angenommen. Das war von der NRW-SPD, die ihn auf diesen Posten bugsiert hatte, sicherlich auch so geplant. Die SPD sparte auf diese Weise eine Menge Geld. Als MdL in Düsseldorf konnte er in seiner Funktion und mit seinen Verbindungen auch einiges für die Stahlgesellschaft bewegen. Seinen Geschäftsbereich managte er zudem professionell. Wenn wir allerdings aus der Preussag raus sind, wird sich trotzdem einiges ändern müssen. Wir sind dann schließlich keine SPD-Firma mehr.

Als Jürgen Peters, IG Metall-Chef von Niedersachsen, mit Verspätung erscheint, ist die Runde komplett. Die Strategie, die Gerhard fahren will, ist denkbar einfach. Er kennt die Problemfelder der Preussag und wird Neuber darauf ansprechen. Dass NRW-Ministerpräsidenten-Kollege Rau hinter der ganzen Chose steckt, liegt auf der Hand. So sind sie halt, die Parteifreunde.

Die personelle Besetzung ist schnell geklärt. Gerhard will Alfred Tacke mitnehmen und bittet mich, auch dabei zu sein.

»Du kennst einfach alle Zahlen und hast auch den nötigen Biss.«

»Neuber kriegt einen Schock, wenn er mich morgen schon wieder sieht«, wende ich ein. »Ich war doch erst heute Morgen in seinem Büro in Düsseldorf.«

»Macht nichts. Muss dann wohl so sein.«

Am Ende bringt Doris einen verblüffenden Vergleich. »Stellt euch einmal vor, in NRW wäre Wahlkampf und der niedersächsische Ministerpräsident Gerhard Schröder würde die Thyssen-Stahl AG – ein Tochterunternehmen der NordLB in diesem hypothetischen Fall – an die VoestAlpine verkaufen. Wie der scheinheilige Johannes dann gucken würde ... Unvorstellbar oder nicht. Aber in Niedersachsen läuft es genau so. Wirklich unfassbar!«

Da nickt die Männerrunde einträchtig.

Gerhard wirkt anfangs verunsichert. Würde es gelingen, dem »Paten« die Beute wieder abzujagen und zu entreißen? Im Lauf des Abends wird er immer ruhiger. Seine Augen glänzen, während der nächste Tag vor seinem geistigen Auge vorbeizuziehen scheint.

Ein Wolf wird zum Leitwolf
oder: Stahlverkauf zum Zweiten

Am nächsten Tag, dem 9. Januar 1998, fahren wir zu dritt – Schröder, Dr. Alfred Tacke und ich – im ICE von Hannover nach Düsseldorf. Gerhard legt Wert auf ostentative Bescheidenheit. Bahn statt Flieger. Das macht sich gut. Bereits auf dem Bahnsteig erwartet uns ein Team von SPIEGEL-TV, das seit geraumer Zeit an einem Portrait des potenziellen SPD-Kanzlerkandidaten arbeitet und dazu den Kandidaten in verschieden Arbeits- und Lebenssituationen beobachtet. Die Dreharbeiten mit Schröder laufen fast während der gesamten Fahrt nach Düsseldorf. Trotzdem können wir die erforderlichen letzten Abstimmungen für unser Treffen mit Neuber zu Ende bringen. Die Aufgabenverteilung ist klar: Gerhard fungiert als Moderator und Liquidator, Alfred gibt den Taktiker und ich soll die Fakten zum Stahl und die Zahlen beisteuern.

In Düsseldorf erwartet uns bereits Gerhards Fahrer am Bahnhof. Ohne Verzug fahren wir zur »Silberburg« der WestLB in der Herzogstraße. Sogleich werden wir in die Vorstandsetage geleitet, von dort aus direkt ins Büro von Friedel Neuber. Neuber holt uns im Sekretariat ab und ist sichtlich erstaunt, mich schon wieder zu sehen. Er hatte offensichtlich nur mit Schröder und Tacke gerechnet. Sein Versuch, mich von dem Gespräch auszuschließen, wird von Schröder bereits im Keim erstickt. »Den Selenz hab ich gleich mitgebracht. Es geht ja hier um Stahl. Da brauchen wir Fachleute, die das Geschäft kennen.«

Neuber geht voran in sein Büro, wo bereits mein Kollege Frenzel wartet. Er war mit dem Jet von Hannover eingeflogen. Wir begrüßen uns artig.

Neuber bittet seine Sekretärin, uns Kaffee und Wasser zu bringen. »Is doch recht, oder?«, fragt er. Gerhard nickt nur und fragt sodann, wo wir Platz nehmen sollen. Neuber deutet auf den großen, unförmigen Tisch vor dem Fenster. Der Tisch ist stilreiner Gelsenkirchener Barock, auf Jagdhütte getrimmt.

Wir nehmen Platz. Die Genossen schweigen sich an. Die gefühlte Temperatur liegt weit unter Gefrierschrank. Gerhard schaut sich ostentativ im Büro um und gibt seine Abscheu zu erkennen: stilistisches Banausentum! Mit übereinander geschlagenen Beinen mustert er Neuber und Frenzel. Die Zeit vergeht. Keiner sagt ein Wort. Nicht einmal ein nervöses Hüsteln unterbricht die Stille. Wir warten schweigend auf Kaffee und Wasser. Endlich kommt die Sekretärin mit Getränken herein. Wir bedanken uns artig.

Neuber blickt ihr nach, als sie den Raum verlässt. Er erwartet, dass es nun los geht. Gerhard muss das Gespräch eröffnen. Doch Gerhard schweigt einfach weiter. Was sollen Neuber und Frenzel auch sagen? Was sie getan haben, entspricht nicht einmal im Ansatz den gemeinsamen Verabredungen. Alle Schritte und Maßnahmen sind mit der Landesregierung abzustimmen. Wie also soll das Gespräch anlaufen? Welche Argumente könnten von Neuber und Frenzel kommen?

Gerhard schenkt sich zuerst einmal einen Kaffee ein – und schweigt weiter. Mit verschmitztem Lächeln schaut er erst mich an, dann Alfred. Er genießt es sichtlich, die feindlichen Genossen nach allen Regeln der Kunst vorzuführen.

»Mein lieber Friedel, mein lieber Michael«, beendet er die Schweigetortur, »ihr habt mal wieder unter Beweis gestellt, dass der Spruch stimmt: Die Steigerung von Todfeind ist Parteifreund. Ihr seid ja wohl wahnsinnig geworden! Wir hatten die glasklare Verabredung, alles um die Preussag Stahl AG mit der Landesregierung abzustimmen. Und was passiert? Ich komme zurück aus dem Urlaub und muss erfahren – von Hans Selenz muss ich das erfahren –, dass ihr das Unternehmen bereits verkauft habt. Und das mitten im Wahlkampf in Niedersachsen. Mein lieber Friedel, mein lieber Michael, so läuft das definitiv nicht. Damit das schon mal klar ist.«

Das sitzt. Die beiden Strategen hinter dem Tisch sind wie vom Donner gerührt. Neuber zieht ganz aufgeregt an seiner Zigarette, steckt vor Aufregung eine an der anderen an. Frenzel hat nichts, woran er sich festhalten kann, und scharrt verstört mit den Schuhen. Beiden Großstrategen steht der kalte Angstschweiß auf der Stirn. Sie sitzen da wie dumme Jungs, die man beim Stehlen erwischt hat. Alfred Tacke an meiner rechten Seite gluckst vernehmlich in sich hinein.

Gerhard wächst in dieser Atmosphäre über sich hinaus. Er, der noch vor einer halben Stunde unsicher und zögerlich war, strahlt nun eine bemerkenswerte Ruhe aus. Er ist nun nicht mehr Wolf unter Wölfen: Er ist zum Leitwolf geworden. Gäbe es einen Oscar für die beste Hauptrolle in der deutschen Wirtschaftspolitik, Gerhard hätte sie mit dieser Nummer verdient.

Neuber schaut derweil Hilfe suchend in Richtung Frenzel. Der wiederum starrt wie gebannt ins Leere.

Gerhards Augen blitzen angriffslustig auf. In dieser Verfassung hatte ich ihn noch nie erlebt. Er spürt instinktiv, dass er die Situation und vor allem seine beiden »Parteifreunde« voll im Griff hat, genau genommen im Würgegriff. Nun beißt er, der bislang mit den Wölfen heulen musste, gnadenlos zu. Gerhard hat die Schwäche seines Parteifreundes gerochen

»Wer Furcht verbreitet, ist selbst nicht ohne Furcht.« Friedel Neuber, der gerissene »Pate« von der Ruhr, ist nun das Opfer.

Gerhard bittet mich, meinen Brief vom 7. Januar zu erläutern. Ich lege das Schreiben auf den Tisch und lese vor. Detailliert zeige ich die Zusammenhänge auf: Milliardenmanipulationen in der Bilanz, falsche Zahlen im Anlagenbau, eine Sonderprüfung des Jahresabschlusses, schließlich meine Weigerung, die Bilanz zu unterschreiben. Nach einer Weile bedeutet mir Gerhard, dass die Herren auf der anderen Seite sicher verstanden hätten, um was es gehe.

Er gehe davon aus, dass man alles nach Recht und Gesetz abwickeln werde. Andernfalls müsse man eben von juristischer Seite intensiv nachschauen. In Palermo, so denke ich mir, könnte man es nicht eindeutiger, geschweige denn besser machen. Und das alles durch und durch rechtsstaatlich. Italienurlaube zahlen sich also – am lange Ende – immer wieder aus.

Ich bin wie vom Donner gerührt. Neuber und Frenzel bleibt die Spucke weg. Gerhard lässt keine Diskussion zu. »Das mit dem Verkauf an die Voest vergessen wir mal ganz schnell«, sagt er ohne einen Ansatz von Zweifel in der Stimme. »Das Land Niedersachsen und die NordLB kaufen das Unternehmen. Über den Kaufpreis werden wir uns sicher einig.«

Neuber und Frenzel nicken im Gleichtakt. »Na, seht ihr, das habe ich doch gewusst. Jetzt brauchen wir nur noch einen Vertrag. Friedel, reich mir doch bitte mal ein Blatt Papier. Das schreiben wir gleich auf. Gut, dass ich Rechtsanwalt bin. Das spart 'ne Menge Geld.« Neuber reicht ihm ein leeres Blatt Papier. Per Hand notiert nun Gerhard die vier wesentlichen Punkte, die später als offizielle Presseerklärung verbreitet werden.

Dann blickt er auf: »Jetzt brauchen wir nur noch Unterschriften unter dem Vertrag.« Nach einer Kunstpause fährt er fort: »Ne, warum eigentlich? Das können wir uns sparen. Wir sind doch Ehrenmänner. Nicht wahr, Friedel?« Neuber nickt völlig entgeistert und schaut entsetzt in Richtung Frenzel. Der schaut genauso entsetzt zurück. Er scharrt immer noch mit den Schuhen. Gerhard hatte das »Duo Infernal«, wie er später sagte, glänzend überrumpelt.

Unsere Strategie ist voll aufgegangen. Nun strebt Gerhard aus dem Büro. »Müsst schon entschuldigen. Hab nachher noch'n Termin in Bonn. Und 'ne Kleinigkeit essen will ich vorher auch noch.« Eine Einladung zu einem gemeinsamen Mittagessen war nach diesem für die NRW-Genossen so traumatischen Erlebnis ohnehin nicht zu erwarten.

Das ganze Treffen hatte keine halbe Stunde gedauert. Innerhalb von nicht einmal 24 Stunden hatte die milliardenschwere Preussag Stahl AG nun schon zum zweiten Mal den Besitzer gewechselt. So etwas hatte es in der deutschen Industriegeschichte bis dato sicher noch nicht gegeben. Der Aufsichtsratsvorsitzende einer Firma und der Ministerpräsident eines Bundeslandes handeln wie auf einem Basar mit einem immerhin börsennotierten Unternehmen, das der Vorstand tags zuvor – zu allem Überfluss – gerade verkauft hatte. Die Väter des Aktiengesetzes würden sich zumindest wundern – selbst in einem Land wie Deutschland, in dem derartige Gesetze nicht mehr als Empfehlungscharakter haben. Da kann selbst so mancher Mafioso – auch in Palermo – noch eine Menge lernen.

Auf dem Weg zum Auto platzt Gerhard fast vor Freude. »Habt ihr das gesehen? Der Neuber ist ja ein Würstchen! Ein Würstchen!«
Ich wende ein, dass in Zeiten von BSE auch ein Würstchen

ein durchaus reales Bedrohungspotenzial darstelle. »Außerdem haben wir drei seit einer halben Stunde zwei ›Freunde‹ mehr. Und die sind wirklich nicht zu unterschätzen. Mit den Milliarden von WestLB und Preussag kann man eine Menge bewirken, lieber Gerhard. Das brauche ich dir doch nicht näher zu erläutern, oder?«, wende ich ein.

»Da haste wohl Recht. Nu sach' du doch auch ma was, Alfred.« Alfred Tacke hatte während der ganzen Zeit geschwiegen. Als Taktiker war er an diesem Tag gar nicht ins Spiel gekommen. Er hatte sich sichtlich nur amüsiert. »So flott und problemlos«, meinte er, »hätt' ich mir das allerdings auch nicht vorgestellt. Aber die beiden sind nicht zu unterschätzen, da musst du, da müssen wir wirklich aufpassen.«

Wir fahren von der Herzogstraße zum »Victorian« in einer Seitenstraße der Königsallee. Die letzten Meter geht Gerhard zu Fuß und nimmt ein Bad in der Menge. Fast alle Leute drehen die Köpfe nach ihm. Sein Bekanntheitsgrad ist auch am Rhein schon ganz beachtlich. Im Lokal bringt der Wirt sich fast um vor Aufmerksamkeit, nachdem er den prominenten Gast erblickt hat. Am Ende des Essens schenkt er Gerhard sogar einen handbemalten Platzteller. Um häuslichen Streit zu vermeiden, packt der Wirt gleich zwei Exemplare ein.

Der Tag hat sich für Gerhard wirklich gelohnt. Er ist stolz wie Bolle. Vielleicht sein Meisterstück auf dem Weg zum Kanzleramt. Am Ausgang des Lokals verabschieden wir uns. Alfred und ich nehmen den Zug zurück nach Hannover. Gerhard fährt weiter nach Bonn. Er bedankt sich überschwänglich für die Mithilfe. »Keine Ursache«, sage ich, »als Vorstand hätte ich gar nicht anders handeln dürfen.«

»Stahlmann Schröder«, wie der SPIEGEL ihn im Zuge der Berichterstattung über die Hintergründe des Salzgitter-Verkaufs nannte, hat noch einige Hindernisse beiseite zu räumen. Die berühmte Preisfrage ist noch ungeklärt. Dem viel besprochenen Buchwert von 700 Mio. DM. steht das Kaufgebot der Voest von 1,275 Mrd. DM gegenüber. British Steel will sogar 1,5 Mrd. DM zahlen. Jetzt müssen Gutachten her. Die Wirtschaftsprüfungsfirmen KPMG und C&L/PwC werden mit je einem Gutachten zur Feststellung des Wertes der Preussag Stahl AG betraut.

Der verrutschte Heiligenschein

Am Abend ruft mich Gerhard an. Mit unüberhörbarem Triumph in der Stimme erzählt er mir von der Zusammenkunft der SPD-Landesfürsten in Bonn. »Kannst dir gar nicht vorstellen, was mir heute Nachmittag passiert ist. Als ich in den Saal gehe, kommt mir der Johannes entgegen. ›Na‹, sagt der, ›ham se dir dein schönes Stahlwerk gerade unterm Arsch weg verkauft? Schade eigentlich.‹

›Ne, Johannes, lass ma‹, habe ich ihm da gesagt, ›hab mir das Stahlwerk gerade von Friedel zurückgekauft.‹ Da ist ihm glatt der Heiligenschein verrutscht. Der war völlig fettich. Is sofort raus gerannt. Wahrscheinlich zum Telefon. Als er wieder zurückkam, schaute er mich gar nicht mehr an. Das Duo Infernal hat sich nicht getraut, ihm die schlechte Botschaft zu überbringen. Ham ihn dadurch mir direkt ins Messer laufen lassen. Das war Johannes unheimlich peinlich.«

An diesem Tag gewinne ich eine Vorstellung davon, wie in Deutschland Politik gemacht wird. Wenn das Unternehmen an die Voest verkauft worden wäre, hätte Schröder in Peine, Salzgitter und Umgebung bei der Wahl keine Stimme bekommen. Wahrscheinlich hätten die Stahlarbeiter ihm vor Wut die Fensterscheiben eingeworfen, wie Bodo Hombach später im Stern mutmaßt. Und Kanzler wäre er nie geworden. Das hält ihn allerdings nicht von einem späteren Intrigen-Dementi im SPIEGEL-Interview 4/98 ab. Die Vorhaltung, Bruder Johannes habe womöglich den Voest-Deal eingefädelt, um seine Wahlchancen zu schmälern, kontert er mit einer rhetorischen Spitzenleistung: »Journalisten neigen gelegentlich zu Spekulationen und gute Journalisten zu besonders phantasievollen Spekulationen.«

Bebende Sahneschnittchen

25. Januar 1998. Der Termin der Niedersachsenwahl rückt unerbittlich näher. Schröder und sein Umfeld werden von Tag zu Tag nervöser. In einer solchen Situation schießen aus allen nur möglichen Ecken die Gerüchte ins Kraut.

Die Fronten sind festgefahren – die Preussag auf der einen Seite, die Landesregierung und die NordLB auf der anderen. Beide Parteien – alles Genossen – stehen sich unversöhnlich gegenüber. Da die Voest 1,275 Mrd. DM für das Stahlwerk geboten hat, will Neuber auf jeden Fall 1,3 Milliarden von der Landesregierung. Er braucht jeden Pfennig für den Preussag-Umbau. Die Gutachten der beiden Wirtschaftsprüfer kommen aber nur zu Werten von 960 Mio. bzw. 1,1 Mrd. Staatssekretär Alfred Tacke hat schon morgens die Meldung verbreitet, Preussag-Finanzvorstand Feuerhake habe ein weiteres Angebot von exakt 1,3 Milliarden auf dem Tisch – angeblich aus dem Ausland. Tacke weiß nicht, wie er das angebliche Angebot einschätzen soll. Eine eilig einberufene Krisenrunde trifft sich daher mittags in den Räumen der NordLB in Hannover.

Die Räumlichkeiten sind trotz der kurzen Vorbereitungszeit ansprechend geschmückt. Frische Blumen stehen auf dem Tisch und den Anrichten. Aufgetragen wird auf feinstem Fürstenberger Porzellan der Nord-Bankiers. Der Kaffee ist frisch gebrüht und die kleinen Sahneschnittchen mit Marzipan- und Schokoladenfüllung sind wie immer delikat. Die NordLB ist in diesem Bereich einfach Spitze.

Die illustre Vorstandsrunde um Gerhard Schröder war gegenüber früheren Sitzungen erweitert worden. Der ehemalige Preussag-Finanzvorstand Dr. Dieter Brunke sitzt erstmalig wieder am Tisch, nachdem er erst vor zwei Jahren aus dem Preussag-Vorstand ausgeschieden war. Sein Wissen um die Besonderheiten im Preussag-Finanzwesen ist von unschätzbarem Wert für die Runde, wie sich später zeigt.

In seiner Einleitung betont Gerhard Schröder, ihm sei an einem schnellen Abschluss mit der Preussag gelegen, um die Gerüchte aus der Welt zu schaffen und Druck von den Schultern der Beschäftigten zu nehmen. Der Landesvater ist tief besorgt – und extrem nervös. Die letzten Wochen haben ihre Spuren hinterlassen. Auch bei dem sonst so coolen Taktiker Schröder.

So bittet er die Runde, an Ort und Stelle zu prüfen, ob man die Forderung der Preussag von 1,3 Milliarden nicht doch erfüllen könne. Das Unternehmen sei schließlich eine Perle, und die seien bekanntlich nicht billig. Die Herren der NordLB beginnen, in den Unterlagen zu blättern und ihre Taschenrechner anzuwerfen. Dr. Gunter Krajewski, Ministerialdirigent im Finanzministerium und Schatzmeister des Landes Niedersachsen, guckt hilflos zu mir rüber und schüttelt nur stumm den Kopf. Er kennt die Gutachten von KPMG und von Pricewaterhouse. Diese beiden Wirtschaftsprüfungsgesellschaften haben einen eindeutigen Ruf in deutschen Landen: Bei ihnen erhält man, was man erhalten will. Jeder der beiden Wirtschaftsprüfer ist in unzählige Betrugsaffären und Manipulationen verwickelt – FlowTex, Babcock-Borsig, HDW, um nur die bekannteren zu nennen. Die Justiz in diesem unserem Lande begleitet all dieses mit »krimineller« Untätigkeit, wie korrekte Juristen immer wieder – unter der Hand – betonen.

Mit diesen Gutachten ist ein solcher Kaufpreis nie und nimmer zu rechtfertigen. Schon die erste Anfrage der Opposition im Landtag würde der Ministerpräsident nicht parieren können. Alfred Tacke, Schröders Sherpa in allen Finanz- und Wirtschaftsfragen, weiß dies, aber auch er traut sich nicht, seinem Chef die Wahrheit zu sagen.

Die Herren eiern herum, bis Gerhard Schröder die Runde fragt:

»Was is nu? Geht's oder geht's nich?«

Da keiner der Herrschaften des Landes und der NordLB sich traut, ihm die betrübliche Mitteilung zu machen, fasse ich mir ein Herz und sagt:

»Nein Gerhard, das geht nicht.«

Der zuckt regelrecht zusammen. »Warum? Warum geht das nich?«, fragt er mich ungehalten.

»Weil der Preis zu hoch ist«, sage ich ihm.

»Wer sacht das?«, Gerhard wird bereits etwas lauter.

»Ich sage das«, antworte ich. »Die Gutachten liegen mehr als 200 Millionen unter der Forderung der Preussag.«

»Das wolln wir doch ma sehn. Das entscheidest doch nich du.« Mein Freund Gerhard wird richtig fuchtig. Die anderen Herrschaften ducken sich ängstlich. Jetzt nur nichts sagen, ist die Devise.

»Das ist schon entschieden Gerhard«, sage ich. »Durch die Gutachten der Wirtschaftsprüfer gibt es nämlich gar keinen Spielraum mehr. Mehr als das, was in den Gutachten steht, kann man gar nicht bezahlen. Ich muss schließlich als Vorstand des Unternehmens am langen Ende für diese Zahlen gerade stehen. Es sei denn, ihr legt die fehlenden 200 Millionen aus der SPD-Parteikasse drauf.«

»Das wolln wir doch ma sehn, was hier geht und was nich. Das entscheiden Sie jedenfalls nich. Das halten wir doch ma fest.«

Mein neuer Duzfreund ist außer sich. Von jetzt auf gleich hat er mir das Freundschafts-Du entzogen. Er schnellt von seinem Platz hoch. Die leckeren Sahneschnittchen auf dem Tisch erzittern vor ihm wie die Landes- und die Bankbediensteten. Dann geht er schnurstracks mit seinen großen Paradeschritten zur Tür, mit starrem und eisigem Blick. Dort dreht er sich noch einmal um. Er bölkt dabei so etwas wie »Mahlzeit« in die entsetzte Runde und reißt die Türklinke runter. Der Ministerpräsident schreitet durch die Tür. Dann knallt er die schwere Tür mit aller Kraft ins Schloss. Die Sahneschnittchen erbeben zum zweiten Mal. Danach sind alle wie erstarrt.

Die Runde guckt mich böse an. Was habe ich mal wieder angestellt?

Dabei hatte ich doch nur die Wahrheit gesagt.

»Aber doch nicht so«, sagt mir mein Freund Hans-Armin Curdt später. »So sauer habe ich den Schröder ja noch nie gesehen.«

Die Runde ist sich schnell einig, dass ich Recht hatte. Alle sind erleichtert, dass nicht sie selbst diese Nachricht überbringen mussten. Ich frohlocke über das Ende der alten Sitte, derzufolge der Überbringer einer schlechten Nachricht geköpft wird, und wiege mich in dem Glauben, leidlich davongekommen zu sein. »Das knallhart geschlagene Wattebäuschchen« sei die härteste Waffe der Vorstände der NordLB, hatte mir mal ein früherer Mitarbeiter geflüstert. Der Mann hatte nicht übertrieben.

Heiße Luft

Jetzt stellt sich nur noch die Frage, wie seriös die Offerte war, von der mein Kollege Feuerhake berichtet hatte. Dr. Brunke, der mit den Eigenarten des ehemaligen Kollegen bestens vertraut ist, fragt

Staatssekretär Tacke, welchen Eindruck Feuerhake am Telefon gemacht hat. »War er aufgeregt?«, fragt er. »Hat er stark gehüstelt?« Tacke bejaht beide Fragen. »Der Mann war unheimlich aufgeregt und erkältet war er auch.«

»Dann« – so Ex-Kollege Dr. Brunke – »brauchen wir uns nicht weiter zu ängstigen. Dann stimmt die Sache mit dem Angebot aus dem Ausland nicht. Kollege Feuerhake hüstelt immer, wenn er besonders aufgeregt ist, herzerweichend macht er das. Er ist aber kerngesund.«

Die Runde zerstreut sich. Brunke und ich gehen noch in »Oskars Bar«, schräg gegenüber der NordLB. Zusammen trinken wir jeder noch zwei Bier und unterhalten uns über die vertrackte Situation bei der Preussag. Staatssekretär Tacke trifft sich derweil als Abgesandter des Landes und der NordLB mit den Herren der Preussag.

Dann kommt ein Anruf von Tacke über das Handy. Er berichtet, Feuerhake habe den Tisch verlassen. Morgen solle dazu etwas von Frenzel in der Zeitung stehen, genauer gesagt in der Hauspostille der Preussag namens HAZ, der HANNOVERSCHEN ALLGEMEINEN ZEITUNG. Brunke und ich raten ihm: »Ruhe bewahren, die kommen wieder.«

Die HAZ gehört zum Madsack-Verlagshaus und das wiederum gehört zu mehr als 20 Prozent der Deutschen Druck und Verlags-Gesellschaft (DDVG). In der DDVG sammelt die SPD ihre Medienbeteiligungen. Neuber ist Mitglied im DDVG-Beirat. Das ist ganz praktisch. So kann man sich bei der Preussag quasi im publizistischen Tarnmantel »überparteilich und unabhängig« präsentieren – lassen. Immer wenn es brenzlig wird, ist die HAZ zur Stelle.

Spät am Abend ruft Schröder mich an und entschuldigt sich. »Hast ja Recht. War etwas aufgeregt, weil keiner was sagte.« Das »Du« war auch wieder da. Er braucht mich halt noch. Immerhin hatte ich ihm nichts als die Wahrheit gesagt.

Mitten in der Nacht kommt dann ein Anruf von Alfred Tacke direkt vom Hauptbahnhof in Hannover. Dort werden die ersten Tageszeitungen für den nächsten Tag verkauft. Es steht nichts über einen Interessenten für die Preussag Stahl AG in der Preussag-Hauspostille HAZ.

»Hab ich doch gleich geahnt.« Alfreds Stimme überschlägt sich fast. »Die ham nichts drauf. Alles nur geblufft.«
»Hast du etwas anderes erwartet«, frage ich den aufgeregten Mann. »Brunke hat doch gleich gesagt, dass Feuerhake blufft.«
»Das kriegen wir jetzt geregelt«, freut sich Alfred. »Das Ding ist gelaufen.«

Bodo schlägt eine Bresche

Am Abend des 26. Januar besuchen mich Bodo Hombach und Niedersachsens Regierungssprecher Uwe-Carsten Heye in Woltorf. Hombach berichtet, es sei ihm gelungen, Schleusser und Clement für Schröder und das Thema Salzgitter im Besonderen zu gewinnen. Clement unterstützt Schröder und bricht damit eine Bresche in die von Rau aufgebauten absoluten Barrieren gegen seinen Intimfeind. Bodo, der erfolgreiche Wahlkampfmanager von Rau, hat nun die Seiten gewechselt und ist zum Gefolgsmann Schröders geworden.

Regierungssprecher Uwe-Carsten Heye hatte sich das Gespräch angehört, ohne selbst allzu viel zu sagen. Für ihn waren die Ränkespiele der Politik tägliches Brot, wie er am Ende ohne große Emotionen anmerkt. Er begleite die Entwicklungen mit seinen guten Kontakten zur Presse stets aus dem Hintergrund. Auch so könne man viel Unheil abwenden. Da hat er zweifellos Recht.

Kurz bevor er aufbricht, bietet mir Hombach das »Du« an. Er ist ein wichtiger und offener Mann in der sonst von üblen Intriganten besetzten Szene an Rhein und Ruhr. Und charmant ist er auch. Ich willige ein.

Wir trinken noch ein Glas Rotwein.

»High Noon« im Aufsichtsrat

Unternehmensetikette

Raus! Gehen Sie raus!« Dr. h.c. Friedel Neuber, Aufsichtsratsvorsitzender der Preussag AG, schnaubt, seine Stimme überschlägt sich. Ich gebe ihm keinen Anlass zu der Vermutung, seiner Aufforderung folgen zu wollen. Das macht ihn sichtlich nervös. Da ich kein schlechtes Gewissen habe, trete ich in diesem großen, optisch kalten Raum so auf, wie es das Gesetz für einen Vorstand einer deutschen Aktiengesellschaft vorschreibt.

Wir schreiben den 4. Februar 1998. Der Raum, den ich verlassen soll, ist der große Sitzungssaal der Preussag AG in Hannover. Dezent und zurückhaltend eingerichtet. Weiße Wände, schwarzes Holz, schwarzes Leder und Chrom. Wichtige Menschen sitzen in diesem großen Raum. Einige der Herren zählen zur Elite der deutschen Wirtschaft. In diesem Raum werden Entscheidungen über das Wohl und Wehe Tausender Menschen gefällt, die in diesem Unternehmen arbeiten. Hier fallen im wahrsten Sinne des Wortes »Milliarden-Entscheidungen«.

In diesen Raum bin ich ohne Erlaubnis, ohne Vorankündigung und gegen alle ungeschriebenen Regeln deutscher Unternehmensetikette hereingeplatzt. Denn bisher tagt an diesem Tag hier nur der Aufsichtsrat der Preussag AG. Der Vorstand mit Ausnahme des Vorsitzenden Dr. Frenzel ist erst einmal außen vor. Es geht um den Jahresabschluss der Preussag AG und es geht um mich. Ich will diesen Jahresabschluss als Vorstand des Konzerns nicht unterschreiben. Die detaillierte Begründung für meine Weigerung will ich dem versammelten Aufsichtsrat nicht vorenthalten. Ich bin sicher, dass der »Pate« den Aufsichtsrat falsch informiert hat.

Nun stehe ich in der Mitte des großen Raumes und bin zu meiner eigenen Überraschung nicht über Gebühr aufgeregt. Von Neuber kann man das nicht unbedingt sagen. Puterrot im

Gesicht, schweißnass und sichtlich hektisch, wie damals in seinem Düsseldorfer Büro, als Gerhard ihn Mores lehrte.

Ich suche zuerst Blickkontakt zu den Aufsichtsräten, die um das riesige offene Tischgeviert sitzen. Mit den vielen Akten unter dem Arm stehe ich quasi mitten im Aufsichtsrat. Doch keiner der Aufsichtsräte will mir in diesem Moment zur Seite stehen. Neuber hat ganze Arbeit geleistet.

Einige der Aufsichtsräte schauen starr an die Decke, andere schütteln die Köpfe, zucken mit den Schultern oder prüfen angestrengt die Unterlagen auf dem Tisch. Frau Aufsichtsrätin Kirchhof-Harloff und ihre männlichen Kollegen sind erkennbar schwer beschäftigt. Eine Elite deutscher Spitzenmanager, Einkommensmillionäre allesamt und verdiente Arbeiterführer, leitende Mitarbeiter und Vorstandsfunktionäre der Gewerkschaften hängen an den Lippen des »Paten«. Er muss die Situation retten.

Bilanzmanipulationen

Die Aufsichtsratssitzung der Preussag AG endet nun in einem Skandal. Juristisch gesehen habe ich die versammelte Runde »bösgläubig« gemacht, wie mir mein Anwalt riet. Die Bilanz sei gefälscht, habe ich den Aufsichtsräten gesagt, die durchgeführte Sonderprüfung eine Farce, schlichter Betrug mit einem Volumen von 2,5 Mrd. DM, nachzulesen im Protokoll des niedersächsischen Landtages.

In den Ohren der Aufsichtsräte hallen meine Worte immer noch nach. Ich habe sie auch über schwere Bilanzmanipulationen bei der Not leidenden Tochterfirma Noell und auch über Hagenuk informiert. Das wusste man aus der Novembersitzung, als Heinz Dürr mit seinen schneidigen Fragen an Frenzel und Feuerhake Angst und Schrecken verbreitet hatte. Der schwäbische Haudegen schweigt heute halb charmant.

Weiter habe ich von der Sonderprüfung durch den Wirtschaftsprüfer C&L gesprochen, die ich am 7. Januar schriftlich gefordert hatte. Eine Prüfung, bei der sich der Prüfer selbst geprüft hat. Dr. Klaus Liesen, Vorsitzender des Aufsichtsrates der Volkswagen

AG, früher Chef der Ruhrgas AG in Essen, blickt pikiert in die Runde und dann zu Dürr. Beide schütteln stumm den Kopf. Heute stellt eben Neuber die Weichen.

Dr. Bernd W. Voss, Mitglied des Vorstands der Dresdner Bank AG am Bankenplatz Frankfurt, verbittet sich ausdrücklich jede Nennung seines Namens im Zusammenhang mit der Zahlenakrobatik. Wie konnte ich es auch nur wagen, seinen Namen in einem Atemzug mit den Manipulationen zu nennen? Was soll bloß der »Pate« denken?

Bankerkollege Dr. Jürgen Krumnow ist Nachfolger von Deutsche Bank-Chef Dr. Rolf-E. Breuer im Aufsichtsrat der Preussag AG. Er hat sich bereits in der November-Sitzung, seiner ersten in dieser Runde, gewundert. Eine derartig »lebhafte Aufsichtsratssitzung« habe er noch nie erlebt. Ich hatte meinen Kollegen Dr. Frenzel wegen dessen unrichtiger und tendenziöser Aussagen über die Situation im Stahlbereich noch in der Sitzung mit Fakten korrigiert. Eigentlich gehört sich so etwas nicht in einem deutschen Unternehmen.

Dr. Gerold Bezzenberger, Mitglied des Vorstandes der Deutschen Schutzvereinigung für Wertpapierbesitz e. V. in Berlin, ist als professionellem Aktionärsschützer die ganze Situation höchst peinlich. Auch als Aktionärsschützer hat man nur eine Stimme, und die muss man hüten.

Kleine Geschenke ...

Die Aufsichtsratsvergütung bei der Preussag ist schließlich nicht schlecht. Ein guter Stundenlohn für vier bis sechs Auftritte im Jahr. Und all die schönen Geschenke zu jeder Sitzung – mal ein silbernes Schreibset, einen schicken Fotoapparat oder einen tragbaren Farbfernseher, alles dezent verpackt. Spielte man jetzt den Helden, wäre man selbst weg vom Fenster, so sicher wie das Amen in der Kirche. Die Wertpapierbesitzer, die Gerold Bezzenberger eigentlich schützen soll, würden schon nichts merken, sagt er sich und beschließt zu schweigen – wie die anderen.

Dr. Dietmar Kuhnt, Chef des Energie-Riesen RWE in Essen, steht derweil vor einem ganz besonders delikaten Problem. Sein

Aufsichtsratsvorsitzender ist ebenfalls Dr. h.c. Neuber. Ob er wisse, worum es in dieser Sitzung gehe, frage ich ihn auf dem Gang vor dem Sitzungssaal zwischen meinen beiden Auftritten. Kuhnt nickt nur stumm mit dem Kopf und geht weiter. Der Mann macht keinen glücklichen Eindruck.

Dr. Günter Saßmannshausen bekommt sein »Gnadenbrot« im Aufsichtsrat. Natürlich kennt er als ehemaliger Konzernchef der Preussag und Aufsichtsratschef der staatlichen Salzgitter AG alle Verträge und damit alle Betrügereien unter dem Aufsichtsratsvorsitz von Neuber im Detail. Man hat ihm sogar noch ein Büro mit Sekretärin bei der Preussag gelassen. Ein keckes Wort und Neuber würde ihn feuern – Sekretärin futsch, Büro perdu und auch die Aufsichtsratsvergütung; solche Sitzungen haben darüber hinaus auch ihren ganz eigenen Unterhaltungswert für einen ausgemusterten Topmanager wie Dr. Saßmannshausen. Man trifft wichtige Leute, kann weiter Netzwerke spinnen und ist einfach dabei. Das alles aufzugeben, nur um ein paar saubere Zahlen in der Bilanz zu haben, fällt ihm überhaupt nicht ein.

Die andere Seite der bedeutenden Tafelrunde ist ebenfalls alarmiert und im höchsten Maße nervös. Arbeitnehmervertreter aller Hierarchiestufen, Betriebsräte, Mitarbeiter und Vorstandsfunktionäre der Gewerkschaften halten den Atem an. Gerade hat man den größten Betrugsfall in der Geschichte des Deutschen Gewerkschaftsbundes mit Ach und Krach überstanden. Millionenbeträge waren statt bei der Hans-Boeckler-Stiftung bei den Gewerkschaftern im Preussag-Aufsichtsrat gelandet, einzelne Metaller haben sich mehr als eine halbe Million in die Tasche gesteckt. Um die aufbrachten Betriebsräte zu beschwichtigen, wurde ihnen versprochen, dass schuldige Kollegen veruntreutes Geld der KZ-Gedenkstätte Drütte in Salzgitter spenden würden. Von den versprochenen Spenden war jedoch dort nie etwas angekommen ...

»Korrupte Schweine«

Neuber kennt den Schwindel im Detail. Er hat aber tatsächlich still gehalten und nichts verraten. Wie leicht hätte er über seine bekannten Freunde in den Medien den ganzen gewerkschaftsinternen Betrug mit den privat verramschten Aufsichtsratsvergütungen an die große Glocke hängen können. Keiner der Arbeitervertreter hätte das überlebt. Aber Neuber hält Wort. Dafür muss man ihm dankbar sein, auch als Arbeitnehmervertreter.

Diesen Arbeiternehmervertretern hatte ich in einer Sondersitzung vor der eigentlichen Aufsichtsratssitzung die Manipulationen zu allem Überfluss auch noch erläutert – dass durch »Umrubeln« die Milliardengräber Noell und Hagenuk zugeschaufelt werden. Viele kennen die Zusammenhänge zwar längst aus ihren Unternehmen. Aber nun in dieser großen Runde. Was kann man als Arbeitnehmervertreter denn schon tun?

Als »korrupte Schweine« hatte man sie im Betrieb bezeichnet, als die eigentlich unglaublichen Nachrichten sich bis an die Hochöfen und die Walzstraßen verbreitet hatten. »Scheiße« stand im IG Metall-Protokoll vom 24. März 1997.

Saubere Zahlen – nein danke!

Wer kann die verfahrene Situation retten und vor allem wie? Wie soll man sich verhalten? Wo bleibt die Regie? Alles blickt Hilfe suchend auf Neuber. Grabesstille breitet sich in dem großen Raum aus. In diese entsetzliche Stille hinein setzt der »Pate« nach: »Raus, gehen Sie raus! Wenn Sie nicht sofort den Raum verlassen, lasse ich Sie mit Gewalt entfernen!«

Danach herrscht wieder Totenstille im großen Sitzungssaal der Preussag AG in Hannover an jenem denkwürdigen 4. Februar 1998. Man hätte ein Stilett aufspringen hören können. Als Jüngster in der Riege der Preussag-Vorstände habe ich die gesamte elitäre Runde in einen Zustand der hochgradigen Panik versetzt. So etwas hat es in einem deutschen Unternehmen noch nie gegeben. So etwas macht man einfach nicht. Was denkt der Mann sich eigentlich? Skandalös!

Hat nicht der oberste Boss aller Bosse, Dr. h.c. Friedel Neuber, die Zahlen so gewollt? Er hat sich – wie gesagt – mit Sicherheit etwas dabei gedacht. Sich meiner Forderung anschließen – sähe das nicht so aus, als würde man Neuber nicht trauen? Und wenn ich dann am langen Ende sogar noch Recht hätte und das ganze

Zahlenwerk wäre falsch? Man stünde auf jeden Fall ganz schön dumm da.

Neuber ist in diesen Dingen bekanntlich nachtragend. Für solche Anwandlungen falsch verstandener Aufsichts- und Ratstätigkeit hätte er ganz sicher überhaupt kein Verständnis. Mit der WestLB treibt man keine solchen Späße und mit Neuber schon gar nicht. Das kriminelle Potenzial des »Paten« ist bekannt. Mein Polizeischutz durch die Landesregierung hatte sich schnell herumgesprochen.

Offensichtlich hat es den anderen Managern im Umfeld des »Paten« jedoch nicht gerade Mut gemacht, ebenfalls für saubere Zahlen einzustehen. Was bleibt, ist die Gewissheit, dass man für saubere Zahlen im Umfeld von Neuber ganz schön gefährlich lebt. Da hält man sich besser zurück wie die anderen auch. In einer Runde mit so vielen prominenten Wirtschaftsführern und Gewerkschaftsbossen ist man ganz sicher. Das hat bisher immer geklappt. Was soll schon passieren?

Man hält mich für zu jung – noch feucht hinter den Ohren. Man geht schlicht und einfach davon aus, dass ich überhaupt keine Ahnung habe von den Abläufen hinter den Kulissen bei der WestLB. Die Herrschaften denken, ich werde mich totlaufen – so oder so. Schon zwei Monate später werde ich das sogar prominent und in aller Öffentlichkeit hören können. So viel steht also schon einmal fest.

Unter dem Strich wird das tolle Ergebnis, das Neuber hat festlegen lassen, den Aufsichtsräten zusätzlich ein schönes Sümmchen auf die Konten spülen. Ein fester Teil des Jahresüberschusses wandert nämlich ganz automatisch in die Taschen der Aufsichtsräte. So will es die Satzung der Preussag AG. So ist es schon immer gewesen. Der Wirtschaftsprüfer hat doch auch mitgemacht. Warum also jetzt dieser Aufstand? C&L hat alles testiert, zweimal sogar. So kann man das schließlich auch sehen. Und da kommt jetzt so ein unbedarfter Schnösel daher, einer, der sich auch schon in den früheren Sitzungen dieses erlauchten Gremiums verdammt viel herausgenommen hat, und probt den Aufstand gegen eherne Regeln deutscher Unternehmensführung.

Wenn ich Recht behielte, das ist allen klar, gäbe es bei den miesen Zahlen der Problemfirmen nur einen Bruchteil der Summe auf dem Konto, nämlich die mickrige Grundvergütung. Bei dem Zahlenbrei, den Finanzkollege Feuerhake in den vorherigen Sitzungen stammelnd und hüstelnd vor dem Gremium ausgegossen hat, kann man in dem Fall einer wirklichen Sonderprüfung eh nur das Schlimmste befürchten. Allein der tapfere Schwabe Dürr hatte ihm bei seiner schneidigen Attacke am 12. November 1997 mehrere hundert Millionen Verluste im Anlagenbau »aus dem Kreuz geleiert«, wie ein Gewerkschafter nach der Sitzung bemerkte.

Wehret den Anfängen. Da ist man sich einig. Selenz muss weg – und zwar ganz schnell. Dafür gibt es nur einen Weg: abberufen, zack! Die Begründung wird dann lauten: »objektive Interessengegensätze«. Da soll mal einer was sagen. Das wollen wir doch mal sehen. Gemeinsam ziehen wir das durch. So einig ist man sich selten.

Draußen ist es kalt, doch drinnen breitet sich unter den versammelten Aufsichtsräten ein warmes Gefühl aus. Arbeitgeber und Arbeitnehmer rücken ganz eng zusammen. In der gemeinsamen Not fallen alle Klassenschranken.

Im April 1998 berichtet der SPIEGEL 18/1998 von dieser dramatischen Sitzung unter der Überschrift: »Wildwest auf der Chefetage«. Am Ende des Artikels wird sogar auf meine Frage nach der »Sauberkeit« der offiziellen Zahlen eingegangen: »Die Wirtschaftsprüfer der C&L Deutsche Revision wurden mit der Klärung beauftragt. Sie prüften »die betreffenden Einzelabschlüsse sowie den Konzernabschluss«, dabei wurden »keine Rechtsverstöße festgestellt«. Der Aufsichtsrat sei korrekt informiert worden.

Das Wichtigste erfuhr der SPIEGEL-Leser bei all dem nicht: dass es sich bei C&L nicht etwa um den von mir geforderten »zweiten qualifizierten Wirtschaftsprüfer« gehandelt hatte, sondern um einen »Prüfer«, der seine eigene »Prüfung« nochmals »geprüft« hatte. Auch der SPIEGEL ist offenbar vor falschen Informanten in den eigenen Reihen nicht gefeit.

Die Staatsanwaltschaft in Hannover schweigt bis heute zu diesem kriminellen Vorgang, trotz detaillierten Wissens um die

Vorgänge und die vorgelegten Dokumente, weil die Beträge, um die es geht »einfach zu hoch sind«, wie mir ein frustrierter Staatsanwalt sagte. Und die Landesregierung hat kein Interesse mehr an der Verfolgung der Betrugsvorgänge. Das macht nur eine »schlechte Presse«. Für das Land und für den Wirtschaftsstandort Bundesrepublik. Und es hingen außerdem viel zu viele »Promis« drin, mit exzellenten Beziehungen.

Pech eben – für den Rechtsstaat und für die Aktionäre.

Poker mit offenen Karten

Am Abend des 4. Februar 1998 verhandelt Gerhard Schröder in Düsseldorf mit Neuber über den Kauf des Stahlunternehmens. Er ist über den Ausgang der Aufsichtsratssitzung informiert und auch über die Tatsache, dass ich den Aufsichtsrat »bösgläubig« gemacht habe. Alle Aufsichtsräte wüssten nun, dass Betrug im Spiel ist.

Gerhard hat daher an diesem Abend wiederum leichtes Spiel. Wenn er jetzt die Staatsanwälte schickte, würde der ganze Schwindel sofort auffliegen. Der »Pate« steckt wieder in der Falle. Er muss sich ganz schnell von seinem Traum von 1,3 Milliarden für das Stahlunternehmen verabschieden. Das ist wie Poker mit offenen Karten. Der Kaufpreis am Ende des Abends: 1,060 Mrd. DM. Genau die Mitte zwischen den Gutachten der beiden Wirtschaftsprüfer. Das war durchaus fair. Wenn auch mehr als 200 Millionen unter dem Kaufpreis der Österreicher. Diese Wahlkampfhilfe aus NRW war eine Folge der Betrügereien in der Preussag. In diesem Fall haben das Land und die NordLB davon profitiert. Für den Preis ist das ein echtes Schnäppchen.

Gerhard Schröder ist eben clever.

»Gute Nacht Deutschland«

Nachdem sich die Nachricht über den finalen Kauf des Stahlunternehmens durch das Land und die Landesbank verbreitet hat, bebt es wieder im Blätterwald. Besonders in Österreich schlagen die Wellen hoch. »Gute Nacht Deutschland« titelt DIE PRESSE am 20. Februar in Wien. »Abwehrschlacht gegen die gefährlichen ›Ösis‹ siegreich beendet. Mit der Unterschrift unter die Kaufverträge gehört die Mehrheit der Preussag-Stahl-Tochter nun dem Land Niedersachsen und der ihm nahe stehenden Norddeutschen Landesbank – statt, wie Preussag und VA-Stahl es ursprünglich ausgehandelt hatten, an den börsennotierten Konzern zu gehen.« Man spricht von den »niedersächsischen Wirtschafts-Stalinisten«. Diese hätten die Übernahme eines Schlüsselunternehmens durch einen ausländischen, noch dazu österreichischen Eigentümer verhindert. »Einfädler der Rückverstaatlichung« sei die gerade wahlkämpfende SPD-Kanzlerhoffnung Gerhard Schröder. Die Botschaft an die internationalen Investoren laute nämlich: Das Land Niedersachsen ist zu massiven dirigistischen Eingriffen in die Wirtschaft bereit, wenn ihm etwas gegen den politischen Strich geht. Und es schreckt auch nicht davor zurück, längst gescheiterte Verstaatlichungsrezepte einzusetzen, um ausländische Investoren fernzuhalten.

»Im Deutschland des Jahres 1998 ist es also möglich, dass Landespolitiker die bereits getroffenen Entscheidungen eines Konzernvorstandes zum Verkauf einer Tochtergesellschaft (in diesem Fall an die VA Stahl) mit massivem Druck rückgängig machen und eben diesen Vorstand (der darob eigentlich den Hut nehmen müsste, aber wir haben ja Fasching) zum Verkauf an die öffentliche Hand zwingen. Das ist auch dann merkwürdig, wenn ein Minderheitsanteil im Rahmen eines Alibi-Börsenganges weitergereicht werden soll.« Mit Schröder wolle offensichtlich ein Staatsinterventionist schlechtesten alten Stils deutscher Bundeskanzler werden. Wenn er das schaffe und danach diese Art von Steinzeit-Wirtschaftspolitik auf das ganze Land ausdehne, »dann gute Nacht Deutschland«.

Dass bei dieser Aktion die sieben Preussag-Vorstände, die dem Verkauf an die Österreicher zugestimmt hatten, »enteignet« wurden, wie »Pate« Neuber zu sagen pflegte, hatten die österreichischen Kommentatoren fein erkannt.

Der Kandidat schlüpft in die Kanzlerrolle

Die endgültige Herauslösung der neuen Salzgitter AG aus der Preussag ist am 19. Februar perfekt. Gerd Schröder hat den Wunsch, den historischen Tag mit einer Spontan-Fete würdig zu begehen.

Eine improvisierte Salzgitter-Fahne wird entworfen und gehisst. Per Scanner und Computer werden neue Aktien gedruckt. Täuschend echt. Denn die alten Aktien der Stahlwerke Peine-Salzgitter AG bilden die Vorlage. Die »Fälschung« ist rechtlich durchaus statthaft. Die spontan gefälschten Wertpapiere landen sofort in Bilderrahmen. Sie später in Umlauf zu bringen, ist selbstverständlich nicht geplant.

Die Fete soll im »Löns-Krug« in Peine steigen, direkt gegenüber dem Stahlwerk zwischen türkischen Gemüseläden und grauen Mietskasernen. Bloß nichts Überkandideltes, echtes Milieu muss her. Hier bewirten die Peiner Stahlwerker ihre Gäste. Auf dem Schießstand hinter der Gaststube wird alljährlich der Walzwerker König ermittelt. Für seine gute Küche ist Herr Geffers, der Wirt, weit über Peine hinaus bekannt.

Das Menü wird ganz auf Ort und Gelegenheit abgestellt. Gerhard möchte es rustikal wie die Wände und Decken des Lokals. Currywurst soll es dann doch nicht sein. Herr Geffers reicht also seine bekannt gute Kartoffelsuppe. Danach gibt es einen Braten. Und dazu Härke-Bier direkt vom Fass und direkt aus Peine. Eine anderes Unternehmen, neben dem Stahlwerk, auf das die Peiner stolz sind. Mit Recht. Auf Röderer-Kristall, Hummer und Kaviar, die Standardkost der Genossen bei der WestLB, wird ganz bewusst verzichtet.

Das Lokal füllt sich schnell, Banker von der NordLB, Betriebsräte, meine Kollegen und sonstige Interessierte. Dr. von Dalwigh, der Anwalt aus Düsseldorf, ist mit seiner Frau angereist. Von dort ist sogar extra auch Bodo Hombach gekommen. Schließlich steht die Wahl vor der Tür. Die Presse hat natürlich auch schon genügend Wind bekommen. Zahlreiche Journalisten wuseln mit Mikro und Kamera durch das Lokal.

Zwischen den Essensgängen werden die üblichen Reden geschwungen. Schulterklopfen allenthalben. Große Erleichterung bei allen Beteiligten – die letzten Wochen haben Nerven gekostet.

Für Bodo gibt es an diesem Abend noch eine Überraschung. Ich bitte ihn, sich nach der Herauslösung der Stahlgesellschaft aus der Preussag umgehend zu entscheiden, was er in Zukunft machen wolle. Eine weitere Bezahlung als Wahlkampfmanager von Gerhard Schröder sei bei der neuen Salzgitter AG nicht mehr drin, obwohl er seinen Geschäftsbereich in der Düsseldorfer Zentrale der Handelstochter durchaus im Griff hat. Entweder Geschäftsführer im Handel oder Politiker. »So habe ich das noch nie gesehen«, ist sein spontaner Kommentar.

Der Wahlgewinner

Am 1. März 1998 gewinnt Gerhard die Wahl in Niedersachsen – mit zweistelligen Stimmenzuwächsen in der Stahlregion Salzgitter/Peine/Goslar. Am gleichen Abend tritt der SPD-Parteivorsitzende Oskar Lafontaine in Saarbrücken mit gefüllten Schnapsgläsern vor die Kameras und kürt Schröder zum Kanzlerkandidaten. Damit sind alle internen Hahnenkämpfe beendet.

Der Noch-Nicht-Kanzler Schröder hat nun mächtig Auftrieb. Am 19. April, dem Eröffnungstag der Hannover Messe, lädt die Messeleitung nach der offiziellen Eröffnung wie üblich zu einem Empfang in den Räumen hinter der Kongresshalle, bei dem Rang und Namen sich ein eitles Stelldichein geben. Um Gerhard Schröder, der auch sonst von den Managern nicht gemieden wurde, bilden sich riesige Trauben. Es sieht tatsächlich so aus, als wolle man das Wahlergebnis gar nicht erst abwarten. Der von den Topmanagern dieser Republik offensichtlich erwartete Ausgang der Bundestagswahl im Herbst scheint bereits vollzogen.

Schröder bleibt jedoch nicht lange in dieser Runde von Managern, obwohl sie ihm sichtlich schmeichelt. Wir haben noch einen Termin. Bei »Wichmann« in der Hildesheimer Straße wartet Hans Vranitzky, Exkanzler der Alpenrepublik. Zusammen mit dem Chef der VoestAlpine AG, Peter Strahammer, wollen wir darüber reden, ob nicht doch ein gemeinsamer Weg für die beiden Stahlunternehmen gefunden werden kann.

Der umtriebige Exkanzler von Österreich ist nach Angaben der Fahrer wieder mit der WestLB/Preussag-Gruppe eingeflogen. Neuber, der selbst im Aufsichtsrat einer österreichischen Bank sitzt, hatte das für seinen Freund geregelt. Vranitzky hatte zwischenzeitlich u. a. extrem gut dotierte Aufsichtsratsmandate von Neuber erhalten. So »erzeugt« der Chef der WestLB auch bei Spitzenpolitikern im befreundeten Ausland nachhaltige Dankbarkeit.

Vranitzky erzählt von seinen aktuellen Aktivitäten, die sich hauptsächlich auf dem Balkan abspielen – für einen österreichischen Politiker fast vor der Haustür. Nachdem wir unter Austausch der üblichen Floskeln einen guten Wein ausgesucht haben, geht das Gespräch über den Stahl los und ist nach fünf Minuten schon wieder beendet. Die Österreicher wollen von ihrem Führungsanspruch nicht herunter. Diese Bedingung hatte bereits die Gespräche zur Jahreswende 1997/98 gesprengt. Strahammer ist nicht bereit, auch nur einen Deut von dieser Linie abzuweichen. Wir gehen ohne Ergebnis auseinander.

Nach dem Abschied begeben wir uns zu unseren Fahrzeugen. Plötzlich fasst mich Gerhard Schröder am Arm und zieht mich zur Seite. Er blickt sich dabei um, als wolle er überprüfen, ob wir beobachtet oder belauscht werden. Er schaut mich ganz besorgt an und sagt mit leiser Stimme zu mir: »Du musst aufpassen. Neuber und Frenzel sind sehr gefährlich. Die sind stärker als du. Nimm dich in Acht.« Ich hörte seine Worte zwar, nehme sie aber nicht sonderlich ernst.

In Düsseldorf, am 9. Januar nach dem Gespräch bei Neuber in der WestLB, hatte Gerhard noch ganz anders geklungen. Wenn man in einem Rechtsstaat wie der Bundesrepublik eine rechtlich saubere Position besetzt, kann das doch niemals gefährlich sein – denke ich mir – und mache weiter wie bisher. Außerdem stehen die Betrugsvorgänge bei der Preussag ja immer noch im Raum – sauber dokumentiert.

Doris und Gerhard heiraten

Nach der Trennung von seiner dritten Frau Hillu stellte Schröder am 17. Oktober 1997 seine neue Beziehung zu Doris Köpf auf eine legale Basis; die standesamtliche Hochzeit fand im kleinsten Verwandtenkreis statt. Gefeiert wurde anschließend in der »Buchholzer Windmühle«.

Bodo Hombach hatte seinem Freund Gerhard den gutgemeinten Rat gegeben, sich – um Irritationen in der Öffentlichkeit zu vermeiden, vor allem angesichts der kommenden Bundestagswahl – so früh wie möglich zu »positionieren«. Ein Kandidat wie Gerhard Schröder muss aus Sicht der überwiegenden Mehrheit des Volkes in »ordentlichen« familiären Verhältnissen leben.

Die offizielle Hochzeitsfeier war für die Zeit nach der Landtagswahl geplant – denn als Wahlsieger war Gerhard zugleich zum Kanzler in spe seiner Partei avanciert.

Das Interesse an dieser Feier steigt von Tag zu Tag, trotz geheimer Vorplanungen. Jeder will dabei sein. Am Ende werden 120 Gäste aus Medien, Wirtschaft und Politik zum Fest am 7. März 1998 geladen. Diskret kursieren Wunschzettel des jungen Paares. Offenbar planen die beiden für die neue Zweisamkeit eine gediegene Gemütlichkeit – da muss mancher Gast tief in die Tasche greifen.

Gefeiert wird im »Grünen Pelikan«, dem früheren Pelikan-Werk, Hannovers neuem In-Lokal. Auf der Fahrt nach Hannover überholen wir – meine Frau und ich – ein Fahrzeug, das ich bisher nur in Automagazinen gesehen habe: den neuen VW-Beetle, den Käfer-Nachfolger. Am Steuer sitzt VW-Personalchef Peter Hartz.

Der Beetle ist das neue Lieblingsspielzeug von Ferdinand Piëch.

Großvater Ferdinand Porsche hatte für den Führer den Volkswagen entwickelt, damals bekannt als KdF-Wagen (Kraft durch Freude). Für die Produktion des Fahrzeugs hatte Porsche ein neues Werk mitsamt der dazugehörigen Stadt errichten lassen, mitten in die platte Heide. In Sichtweite der mittelalterlichen Wolfsburg, deren Abbild früher die Mitte eines jeden VW-Lenkrads zierte.

In der neuen Bundesrepublik wurde der Volkswagen ein Erfolgswagen – mit über 21,5 Millionen gebauten Exemplaren. Enkel Ferdinand will nun mit dem neuen Beetle auf die Erfolgsspur des großväterlichen Vorbildes einbiegen. Sein enger Freund Schröder als Repräsentant des staatlichen Mehrheitsaktionärs hatte ihn am 10. April 1992 gegen viele Widerstände zum Chef von VW gemacht und ihm alle Freiheit gelassen, seine zum Teil weit ausschweifenden Autophantasien in die Tat umzusetzen. Er machte VW damit zu einer Marke ohne rechte Identität. Die Stadt Wolfsburg entwickelte sich unter seiner Ägide zu einem norddeutschen Auto-Disney-Land und zum Abenteuerspielplatz für selbstverliebte Manager.

Ob Piëch mit dem Beetle allerdings an die Erfolgsgeschichte seines großen Vorbildes und Großvaters anknüpfen kann, ist noch ungewiss. Jetzt dankt er Schröder mit dieser Premierenfahrt erst einmal für den Vertrauensvorschuss. Heute, am Tag der offiziellen Hochzeitsfeier, rollt die Porsche-Käfer-Synthese erstmalig vor großem Publikum in der Öffentlichkeit. Piëch hat sich allerdings nicht selbst ans Steuer gesetzt. Dazu ist er zu bescheiden. Er fährt mit einem schlichten GTI vor. Die Öffentlichkeitsarbeit überlässt er gerne dem Kollegen Hartz. Der liebt das Bad in der Menge.

Schon in der Einfahrt zum Lokal stehen die Reporter in Rudeln. Jedes ankommende Auto wird mit Argusaugen gemustert. Prominente Gesichter lösen augenblicklich Blitzlichtgewitter aus. Wir fahren unbeachtet durch das Spalier der Medien und können den Wagen abstellen. Als kurz darauf der neue Volkswagen mit Peter Hartz eintrifft, erreicht das Blitzlichtgewitter einen Höhepunkt. Das ist ein gefundenes Fressen für jeden Klatschreporter zwischen Flensburg und Garmisch.

Anschließend geht es durch den Sicherheitscheck, damit sich bloß keine ungebetenen Gäste einschleichen. Die Räume sind mit roten und weißen Tulpen festlich dekoriert. Blaue Anemonen dazwischen symbolisieren zugleich die niedersächsischen und bayerischen Landesfarben – Heimatländer der beiden Brautleute. Gerhard eröffnet die Veranstaltung kurz und bündig: »Das Büffet ist eröffnet – es gibt auch Fleisch.« Viele schmunzeln über diese Anspielung, die auf seine dritte Frau, die Vegetarierin Hillu, abzielt. Andere finden es dann doch ein wenig zu keck.

Die Tischordnung ergibt sich spontan. Meine Frau und ich sitzen an einem Tisch mit Tagesschausprecher Ulrich Wickert, Stefan Aust und dem Ehepaar Piëch, später kommt noch Focus-Chef Helmut Markwort dazu. Diskutiert wird später auch die Wahl im Herbst und die Chancen des SPD-Kandidaten Schröder. Sein Coup mit der Salzgitter AG hat ihm auch in Kreisen, die ihn bisher eher skeptisch betrachteten, mehr als nur oberflächliche Anerkennung eingebracht.

Mit Stefan Aust unterhalte ich mich über seine Redaktion in Düsseldorf. Die ist mir bereits mehrmals als quasi inoffiziell/offiziöses Presseorgan der WestLB aufgefallen. Viele Meldungen und Informationen kommen nachweisbar direkt aus dem Büro von WestLB-Chef Friedel Neuber, transportieren seine mitunter merkwürdigen Botschaften. Ob das für ein seriöses Nachrichtenmagazin vom Kaliber des SPIEGEL der richtige Umgang sei, gebe ich zu bedenken. Stefan Aust hat dies offensichtlich schon erkannt. Man habe mindestens eine undichte Stelle in der Redaktion. Darum werde er sich in allernächster Zeit ganz persönlich kümmern.

Zwischendurch werden einige Gäste aktiv. Ein Gesangsensemble aus Scorpions-Sänger Klaus Meine, Ulrich Wickert und der bayerischen SPD-Chefin Renate Schmidt stimmt den Scorpions-Hit »You and I« an. Großer Beifall!

Mit NRW-Wirtschaftsminister Wolfgang Clement kommt das Gespräch schnell auf die WestLB. Er rät mir, die Finger von der Bank zu lassen. Die sei mindestens eine Nummer zu groß für jede Einzelperson, die sich in dieses komplexe Gebilde einmische.

»Da haben Sie keine Chance«, ist der Rat des Mannes, der nun schon seit Jahren auf die Chance wartet, den heiligen Johannes als Regierungschef abzulösen. Als ich ihn darauf anspreche, sagt er mir: »Ich muss wohl erst älter werden als Johannes, bis ich ihn ablösen kann ...«

Keine so positiven Perspektiven für den ewigen Zweiten in Düsseldorf. Doch schon an diesem Abend werden die Weichen für einen Wechsel in der Düsseldorfer Staatskanzlei gestellt. Schröder, Hombach und Clement sind in intensive Dreiergespräche vertieft. Johannes Rau sei jetzt »reif«. Mit seiner sehr speziellen Historie und nach dem Sieg von Schröder am vergangenen Wochenende läuten für ihn nun am Rhein die Abschiedsglocken. Er, der einen Kanzlerkandidaten Schröder mit allen Mitteln verhindern will, wird nun das erste Opfer der neuen mächtigen Leute an der SPD-Parteispitze. Jetzt wird zurückgekeilt. Die neuen Leitwölfe fallen über die alten her.

Das Essen an diesem Abend fällt im Vergleich zu den opulenten Geschenken bescheiden aus. Es gibt Aalsüppchen, Bratkartoffeln und Fischspezialitäten wie Zanderfilet. Einfach, handfest und sättigend. Aber auch dies ist Teil der Gesamtinszenierung, denn das Fest wird von Gerhard privat finanziert. Darauf legt er großen Wert. Das Menü und die dazu gereichten Getränke kann sich auch ein frisch Geschiedener mit kleinem Geldbeutel leisten. Gerhard lässt sich eben nicht von einer großen Bank aushalten wie sein Parteigenosse Johannes in NRW.

Frischer Wind in NRW

Rau tritt am 16. März 1998, also nur neun Tage nach der Hochzeitsfeier seines Kollegen Schröder, als Ministerpräsident des Landes Nordrhein-Westfallen zurück. Gleichzeitig legt er sein Amt als SPD-Vorsitzender in NRW nieder. Und das, obwohl er kurz zuvor wieder zum Parteivorsitzenden gewählt worden war. Die Parteifreunde in NRW sind ein wenig überrascht. Nachfolger als Vorsitzender der NRW-SPD wird Franz Müntefering. Den Stab des Ministerpräsidenten übergibt Johannes Rau an Schröder-Freund Wolfgang Clement. In NRW weht plötzlich ein anderer Wind. Die alten Machtstrukturen sind damit aber noch längst nicht überwunden. Für Bruder Johannes gibt es schließlich noch immer die WestLB als Machtbasis. Deren Potenzial auf den verschiedensten Gebieten ist bekanntlich nicht zu unterschätzen.

Der Börsengang

»Gewissermaßen schon tot«

Gerhard Schröder besucht am 20. April 1998 den Messestand »seiner« Salzgitter AG im Rahmen der Hannover Messe 1998. Kurz zuvor, am 13. April, war er auf dem Bundesparteitag der SPD in Leipzig offiziell zum Kanzlerkandidaten gekürt worden. Er ist mächtig stolz, als er den schönen Stand sieht. Der Presseandrang ist riesengroß. Der Kanzlerkandidat lässt sich nun, wie von Bodo Hombach empfohlen, als Wirtschaftsfachmann feiern. Viele Zeitungen zeigen das Bild, wie wir in trauter Eintracht Stahlhanteln stemmen. Die einfache Botschaft lautet: der Politiker und der Manager. Die werden das schon stemmen.

Die NordLB gibt zwei Tage später ihren traditionellen Messe-Empfang. Mit einigen Herren aus dem NordLB-Vorstand und Journalisten stehe ich am Buffet, als sich Ex-Preussag-Chef und Noch-Preussag-Aufsichtsrat Saßmannshausen nähert. Er schaut mich böse an, denn heimlich verdrücken kann er sich nun nicht mehr. Wir kommen ins Gespräch, ein Wort gibt das andere. Ich werfe ihm vor, eine gefälschte Bilanz abgenickt zu haben, um sein Büro bei der Preussag zu halten. Das ist zuviel für den beleibten Manager. Saßmannshausen rastet aus: »Herr Selenz, Sie wollen mich umbringen. Und Herrn Frenzel wollen Sie auch umbringen. Sie haben die Presse instrumentalisiert. Hier in Hannover habe ich das Gott sei Dank unter Kontrolle.« Dann legt er nach: »Sie sind gewissermaßen schon tot, Sie wissen das nur noch nicht! Gegen die WestLB macht man so etwas nicht, da haben Sie keine Chance. Sie sind schon viel zu weit gegangen. Dass Sie noch von der Preussag bezahlt werden, ist ein Skandal, und mir werfen Sie vor, dass ich noch ein Büro bei der Preussag habe. Sie sollten sich schämen.«

Mit puterrotem Kopf verlässt er den Pavillon. Die Umstehenden schauen ihm verstört und verängstigt nach. Dann richten sich ihre bohrenden Blicke auf mich. Der Mann ist immer noch eine Riesennummer in Hannover. Wenn der solche Drohungen ausstößt, dann ist das durchaus ernst zu nehmen. Das wissen alle, die um mich herum stehen. Die nächsten Monate werden ganz sicher spannend.

Bodo im Schussfeld

Als Ersten erwischt es Bodo Hombach. Er, der sich auf die Seite der Rau-Gegner geschlagen hatte, sollte nicht ungeschoren davon kommen. Nach dem altbekannten Motto: »Dreck am Stecken haben doch fast alle« wird nun bei Bodo Hombach kräftig geholzt. Mit wessen Hilfe hatte der gute Bodo sein Haus gebaut? Die Veba war dabei, obergünstig. Konnte das Genosse Zufall sein? Der Wirbel in der Presse war riesengroß, ebbte aber schnell ab, als Bodo Original-Rechnungen präsentierte. Außerdem ließ der neue Ministerpräsident Clement einen Wirtschaftsprüfer in die Angelegenheit schauen. Was immer das auch bedeuten konnte!? Dem Vernehmen nach kam der Tipp aus dem Hause WestLB, denn dort hatte Bodo immer noch seine Konten. Wenn sich auf seinem Konto etwas bewegte, bekam der »Pate« natürlich sofort Meldung davon. Unmittelbar danach informierte der sodann »seine« Journalisten.

Die Abhöraktion

Am 30. Mai wähle ich die Nummer von Gerhard Schröder an und habe die Polizei an der Strippe: »Warum rufen Sie diese Nummer an?«, werde ich in einem ziemlich barschen Ton gefragt.
»Ich will Gerhard Schröder sprechen«, ist meine Antwort.
»Woher haben Sie diese Nummer?«, ist die nächste Frage in unveränderter Tonlage.
»Von Gerhard Schröder.«
»Wer sind Sie?«
»Mein Name ist Selenz.«
»Telefonnummer?«

Ich gebe meine Nummer an.
»Legen Sie auf, wir rufen zurück.«
Ich lege auf. Sekunden später klingelt mein Telefon. Ich hebe ab. »Selenz.«
»Herr Selenz, wer sind Sie?«
Ich erläutere dem Anrufer am Telefon meine Funktion und warum ich Gerhard Schröder sprechen will. Der Herr am anderen Ende der Leitung bedeutet mir, dass diese Telefonnummer zukünftig gesperrt sei. Eine Begründung für die Sperrung gibt er mir nicht.

Ein Anruf in der Staatskanzlei bringt später zumindest ein wenig Licht in das mysteriöse Dunkel. Frau Scheibe berichtet mir, dass das Telefon des Ministerpräsidenten von außen abgehört worden sei. Auf meine Frage nach potenziellen Abhörern erwidert sie nur:
»Das können Sie sich doch sicherlich denken.«

Preis-Poker

Für den Morgen des 1. Juni 1998 ist die Festlegung des Aktienpreises vorgesehen, das so genannte Fixing. Wir treffen uns in einer Filiale der NordLB in der Nähe der Zentrale in Hannover. Der Vorstand der Salzgitter AG hat in dieser Angelegenheit nur eine Beobachterrolle. Dies trifft auch für die Besitzer der im Freiverkehr befindlichen 0,24 Prozent der Aktien des Stahlunternehmens zu. Die neuen Hauptgesellschafter, also die Besitzer der 99,76 Prozent der Aktien, das Land und die NordLB, müssen bestimmen, für wie viel Geld sie ihre Aktien wieder verkaufen wollen. Die NordLB ist für 23 DM/Aktie, Morgan Stanley als Berater und aktiver Begleiter des Börsenganges plädiert für 21 DM/Aktie. Heiße Diskussionen entbrennen. Man entscheidet sich schließlich für 23 DM. Die NordLB will richtig Kasse machen. Ein wenig Gier ist mit im Spiel, denn gekauft hatte man die Aktie für 17 DM.

Der Deal hat nur einen ziemlich schlimmen Haken für die NordLB. Morgan Stanley zieht sich aus der Verantwortung zurück und überlässt der NordLB die Emission vollständig.

Wissen die erfahrenen deutsch-amerikanischen Banker vielleicht schon mehr?
Wird aus dem Geschäftsfeld bald ein Gefechtsfeld? Dann wäre Rückzug gar kein so schlechtes Manöver.
Im Anschluss rufe ich Gerhard an. Der freut sich riesig.
»Wie viel hat es gebracht?«
»Was meinst du damit?«
»Wie viel mehr ist das am Ende, was wir kriegen, als wir bezahlt haben?«
»400 Mio. DM.«
»Is ja doll!« Gerhard will einen ganz teuren Roten darauf trinken

Störwarnungen

Am Abend des 1. Juni erhalte ich aus der Preussag-Zentrale die Information, dass die WestLB und die Preussag unseren Börsengang empfindlich stören wollen. Ich informiere sofort die Herren der NordLB. Die aber winken ab. Die WestLB sei doch schließlich auch eine Genossen-Bank. Die würden doch »ihrem« Kanzlerkandidaten Schröder kein Leid antun. Das könne man sich nun wirklich nicht vorstellen. Auch mein Hinweis auf die Aktion mit der Voest, wo die Genossen gleichfalls gegen den »Parteifreund« agierten, will man nicht gelten lassen. Damals sei Gerhard Schröder ja noch nicht Kanzlerkandidat gewesen. Da habe es noch Spannungen innerhalb der Partei gegeben. Dies sei nun beendet. Und damit sei von dort keine Gefährdung mehr zu erwarten. Das seien eben Gerüchte. Darauf solle ich nicht zu viel geben.

Die Gerüchte sind aber verdammt dicht. Und diejenigen, die mir diese Gerüchte zutragen, durchaus verlässlich – im Gegensatz zu so vielen aus NordLB und WestLB. Denn was wir jetzt auf keinen Fall gebrauchen können, ist eine massive Störung unseres Börsenganges. Um dieses zu verhindern, versuche ich, meinen ehemaligen Kollegen Frenzel anzurufen. Denn ich habe festgestellt, dass man mit offenen Karten immer am weitesten kommt. Frenzel geht aber offenbar – obwohl zu Hause – nicht mehr ans Telefon, wenn er meine Nummer auf der Display-Anzeige sieht.

Daraufhin rufe ich bei Dr. Ritzmann an. Dr. Ritzmann ist Generalbevollmächtigter der Preussag AG und die graue Eminenz in der Zentrale in Hannover. Er ist bei jeder Vorstandssitzung anwesend. Er schreibt die Protokolle. Und wenn die Kollegen Frenzel und Feuerhake mal nicht weiter wissen, dann fragen sie ihn. Ohne Dr. Ritzmann läuft wenig bis gar nichts bei der Preussag. Er ist ziemlich erstaunt, meine Stimme zu hören. Auf meine Vorhaltung, mir lägen Informationen vor, nach denen die WestLB/Preussag-Gruppe unseren Börsengang torpedieren wolle, reagiert er mit ungläubigem Erstaunen. Woher ich denn das hätte, fragt er mich. Ich halte mich bedeckt und sage ihm lediglich, dass die Informationen verlässlich seien. Er blafft mich an und behauptet, davon hätte er nichts gehört. Da sei absolut nichts dran.

»Das will ich hoffen«, entgegne ich, »ansonsten kann angesichts der Rolle der Herren Neuber und Frenzel schon im Vorfeld eines solchen Ereignisses nicht ausgeschlossen werden, dass beide Herren ihren Vorruhestand auf den Malediven verbringen müssen, um sich vor dem Zugriff der deutschen Justizbehörden in Sicherheit zu bringen.«

»Was soll das denn heißen«, fragt mich der Generalbevollmächtigte, hörbar erstaunt.

»Das muss ich Ihnen, lieber Herr Ritzmann, doch wohl nicht näher erläutern. Guten Abend.«

Das Gespräch ist beendet.

Der Tag der Emission

Am Tag darauf, dem 2. Juni 1998, ist der große Tag. Börsengang der neuen Salzgitter AG. Ein wichtiger Tag für den Ministerpräsidenten und frischgebackenen Kanzlerkandidaten der SPD. Funktioniert das Konzept der Privatisierung der ehemaligen Stahltochter der Preussag AG? Ist Schröder ein Wirtschaftsmann oder ist er es nicht? Am Abend dieses Tages wird man es wissen.

Die Salzgitter AG genießt bis heute einen guten Ruf nicht

nur unter Stahl-Fachleuten. In den letzten Jahren hatte sich die Qualität des Salzgitter-Stahles ganz erheblich verbessert. Der Schlüssel für diesen Erfolg war die Übertragung der metallurgischen Techniken der Edelstahlproduktion auf die Herstellung von Massenstahl. Bereits die Georgsmarienhütte bei Osnabrück hatte ich zuvor mit dieser Umstellung verfahrenstechnisch auf den neuesten Stand gebracht. Mit der neuen Metallurgie unter ihrem neuen Eigentümer, meinem früheren Studienkollegen Jürgen Großmann, hatte sich das Stahlwerk prächtig entwickelt und war sogar zur Keimzelle einer neuen prosperierenden Unternehmensgruppe geworden.

Im Rahmen einer metallurgischen Revolution wurde unter meiner Leitung die gesamte Stahlwerkstechnologie an den Standorten Salzgitter und Peine auf den Kopf gestellt. Die Stähle aus Salzgitter erfreuten sich hoher Wertschätzung bei der Kundschaft, denn zunehmend gefragt waren Stähle, die zugleich fest und trotzdem bei der Herstellung gut verformbar sind, etwa bei der Produktion von Automobilblechen. Die Ingeniere aus Salzgitter, Peine und Ilsenburg hatten auch neue Oberflächen für die Herstellung bester Karosseriebleche entwickelt. Der Anteil der Ausschuss-Produktion war zudem in Salzgitter dramatisch gesunken – mit positiven Auswirkungen auf die Kostensituation.

Mit dieser Botschaft waren meine Kollegen und ich in den letzten Wochen durch Deutschland, Europa und die USA getourt. In einem Umfeld, das seine Hoffnungen eher auf High-Tech-Firmen richtete, hielt man uns am Anfang fast für die Abgesandten einer überkommenen Epoche. Für Dinosaurier, die sich in der Neuzeit verlaufen hatten. Wenn wir dann den Geldmenschen die Botschaft vom High-Tech-Stahl verkündeten, waren viele zunächst überrascht, doch am Ende überzeugt.

Wir sind daher heute, am Tag der Wahrheit, alle guten Mutes. Treffpunkt ist das Gästehaus der Landesregierung, die alte Villa unweit des Zoos, in Hannovers allerbester Lage. Gerhard Schröder hat NordLB-Vorstand Kösters und mich gebeten, ihn vor dem Börsengang dort zu treffen. Gerhard will noch kurz in das Geschehen der letzten Tage eingeweiht werden. Er ist sichtlich nervös. Immer wieder fragt er, ob denn auch alles klar geht. Ob der Preis für die Aktie nicht zu hoch angesetzt sei. Ob denn überhaupt Interesse an einer solchen Aktie bestehe. Immerhin handelt es sich um eine Stahlaktie. Die Stahlbranche ist so ziemlich die älteste »Old Economy«, die man sich vorstellen kann. Stahl ist für viele Börsianer daher einfach nicht »sexy«. Das ist Fakt. Damit muss man als Stahlmanager leben. Damit muss auch der neue Gesellschafter leben, das Land Niedersachsen.

Die 0,24 Prozent der Aktien der Preussag Stahl AG, die sich im Freiverkehr befinden, werden 1:1 umgewandelt in Aktien der neuen Salzgitter AG. Von den 49,9 Prozent, die das Land übernommen hat, will man 24,4 Prozent an die Börse bringen. Die Nord LB will ihren Anteil von 49,9 Prozent ganz abgeben. 10 Prozent bleiben für Belegschaftsaktien reserviert.

Die vorher festgelegte Spanne von 20–23 DM/Aktie hat man gestern bis an die Obergrenze ausgereizt: Ausgabekurs: 23 DM pro Aktie. Die NordLB will schließlich bei diesem Börsengang – ihrem ersten größeren Geschäft als Emissionsbank – einen guten Schnitt machen. Bei einem Aufschlag von immerhin 6 DM/Aktie sind das, bezogen auf den Einkaufspreis, 35 Prozent. Kein schlechtes Ergebnis, gewissermaßen die Zitterprämie nach den zähen Verhandlungen mit Neuber, Frenzel und Feuerhake. Diese Prämie möchte man auf jeden Fall kassieren.

Kösters kann Gerhard Schröder trotzdem beruhigen. Die Aktie ist mehr als dreifach überzeichnet. Das ist zwar nicht der Faktor, mit dem man gerechnet hat, aber immerhin. Man muss jetzt eigentlich nur noch die richtigen Interessenten finden. Viele Bewohner der Region und natürlich auch die Belegschaftsangehörigen und deren Verwandtschaft haben sich bei den Banken als potenzielle Kunden eintragen lassen. Große Fondgesellschaften und andere Großanleger finden sich selbstverständlich auch auf der Liste der Interessenten.

Natürlich wäre die Überzeichnung bei einem Preis von 20 DM höher gewesen. Für die Bank wäre dann aber nur ein deutlich geringerer Profit von 3 DM/Aktie geblieben, also nur die Hälfte des jetzt zu erwartenden Ergebnisses. Für meine Kollegen im Vorstand der Salzgitter AG und für mich wäre ein niedrigerer Emissionskurs auch besser gewesen. Je höher der Anfangskurs, desto schwerer wird es, eine Steigerung des Kurses zu erreichen.

Eine Milchmädchenrechnung zwar, aber ganz wichtig für die Zeit nach dem Börsengang.

Viele Aktionäre fragen sich natürlich auch, warum das Land und die NordLB so einen großen Aufschlag auf den Kaufpreis verlangen und halten diesen Kurs für Wucher. Die Entscheidung über den Kurs lag aber allein bei den Gesellschaftern, also beim Land Niedersachsen und bei der NordLB. Ihnen gehören schließlich die Aktien. Sie mussten daher auch den Verkaufspreis festlegen.

Nach einem weiteren Kaffee im Stehen in Gerhards Büro nehme ich ihn in meinem Wagen mit zur Börse. Zwei Seitenstraßen vor unserem Ziel bedeutet Gerhard meinem Fahrer anzuhalten. »Die letzten Meter gehen wir zu Fuß«, sagt er und verlässt auch schon den Wagen. Er geht in Richtung Georgstraße.

Als wir um die Ecke biegen, sehen wir schon die Kamerateams vor dem Gebäude der Börse zu Hannover. Sein schneller Schritt wird im selben Moment noch ein wenig würdevoller. Gerhard scheint nun zu schweben. Mit hoch gerecktem Daumen geht er auf die Kamerateams zu. Routiniert beantwortet er die Fragen nach seinen persönlichen Erwartungen für den heutigen Tag.

»Schaun mer mal. Wird schon klappen.«

Wir gehen gemeinsam die gewundene Treppe zum ersten Stock hoch. Dort befindet sich der Börsensaal. Es wimmelt nur so vor Kameras und Mikrofonen. Das ist Gerhards Element, hier fühlt er sich wohl. Kaum ist er mit einem Team fertig, sucht sein unruhiger Blick schon das nächste Mikrofon, die nächste Kamera. Seine Augen strahlen.

Plötzlich ertönt das Zeichen, dass der Handel mit der neuen Salzgitter-Aktie eröffnet worden ist. Es wird es ganz ruhig im Börsensaal. Alle schauen gespannt auf die Anzeigetafel. Es erscheint eine 24. Das bedeutet 24 DM/Aktie. Unsere Spannung löst sich. Gerhard kommt sofort auf mich zu. »Du, das hat scheinbar geklappt«, sagt er halb fragend, halb stolz.

»Ja«, sage ich »sieht so aus, als ob alles geklappt hat.« Auch ich bin froh, denn der Kurs ist ja nicht grade an der unteren Kante festgelegt worden.

»Wie viel haben wir denn jetzt verdient?«, fragt mich Gerhard dann sofort.

»Nun«, sage ich ihm, »so ungefähr 50 Mio. DM ist die Salzgitter AG mehr wert als noch vor ein paar Minuten.«

»Is ja doll!« Für einen ehemaligen Oberjuso zeigt mein Duzfreund Gerhard erste Zeichen von Lust am Kapitalismus.

Es dauert nicht lange, bis die erste Flasche Sekt entkorkt ist. Die Spannung hat sich entladen und alle sind froh über den gelungenen Einstieg der neuen alten Stahlfirma an der Börse. Die Fotoreporter überschlagen sich jetzt mit Wünschen nach entsprechenden Motiven. Wir prosten uns zu und die Blitzlichtgewitter entladen sich. Die Strapazen der letzten Monate sind wie weggeblasen. Der Börsengang im Blitztempo ist offensichtlich gelungen.

Die Meldung über den gelungenen Einstieg in die Börse machen schnell die Runde. Auf allen Kanälen sind die Jubelbilder zu sehen. Gerhard ist eine Zentnerlast von der Brust gefallen. Und auch ich bin froh, dass sich die Informationen aus der Preussag-Zentrale als falsch herausgestellt haben. Es wäre ja auch ein Stück aus dem Tollhaus gewesen, wenn die SPD-Genossen aus NRW um den verbitterten Johannes Rau dem eigenen Kanzlerkandidaten die Brocken um die Ohren geschlagen hätten. Das würden sich offenbar noch nicht einmal Rau und Neuber trauen.

Der Torpedo schlägt ein

Während dieser ganzen Zeit steht ein Mann allein in einer weiter entfernten Ecke der Börse und telefoniert. Alfred Tacke ist erkennbar nicht gut gelaunt.

Ich nehme mir daher ein weiteres Glas Sekt und gehe zu ihm hinüber.

»Mensch, Alfred«, sage ich zu ihm, »mach doch nicht so ein Gesicht wie zehn Tage Regenwetter. Hat doch alles prima geklappt.«

»Nichts hat geklappt«, erwidert der Mann aus dem Ministerium. »Die machen uns gerade kaputt.«

»Wer macht wen kaputt?«

»Die schmeißen uns zu mit Aktien. Millionen Aktien. Und die

NordLB kauft und kauft und kauft. Müssen sie ja. Sonst rauscht uns der Kurs ab in den Keller.«
»Dann stimmt es also doch, was man mir erzählt hatte?«
»Ganz genau«, so Alfred Tacke. »Die Herrschaften wollen unsere Standfestigkeit testen.«
Eine teure Suppe hat sich die NordLB da eingebrockt. Am ersten Tag müssen bereits mehr als 8 Millionen Aktien von den Landesbankern wieder aufgekauft werden – pro Stück für 24 DM, also mit einem Aufpreis von 1 DM. Kein gutes Geschäft für die Landesbanker. Aber was macht man nicht alles, damit der SPD-Kandidat Kanzler werden kann!

Nach drei Tagen werden mehr als die Hälfte der emittierten Aktien wieder in den Tresoren der NordLB liegen. Eigentlich wollte man sie verkaufen und nicht stattdessen für mehr Geld wieder zurückkaufen, um optische Kurspflege zu betreiben. So war das Spiel nicht geplant. Johannes Rau und Friedel Neuber hatten eben ein langes Gedächtnis. Die Schmach des 9. Januar war bei beiden nicht vergessen. Nun wollte man Rache. Für die Genossen-Bank WestLB war der SPD-interne Anschlag auf den eigenen Kanzlerkandidaten sogar noch ein Geschäft. Man hatte die Aktien für 23 DM übernommen und mit einem Profit von 1 DM wieder verkauft. Ein ganz legales Geschäft. Wenn da nicht die Begleitumstände gewesen wären, die alles andere als sauber waren.

Erste EKO-Gespräche

Drei Wochen nach dem Börsengang der Salzgitter AG findet am 22. Juni ein Treffen mit Ministerpräsident Manfred Stolpe in Potsdam statt. Schon zu Zeiten von Mauer und Stacheldraht gab es enge Kontakte zu EKO, dem Eisenhüttenkombinat Ost in Eisenhüttenstadt, dem Hüttenwerk an der Oder. In Salzgitter wurden die Stahlblöcke, die so genannten Brammen, aus dem Osten zu Warmbreitband ausgewalzt. In Eisenhüttenstadt fehlte ein solches Walzwerk. Die Verbindungen, auch zu den Ingenieuren im Osten, waren sehr eng. Was lag also näher, als die beiden Unternehmen nach der Wende und nach der Verselbstständigung der Salzgitter AG enger zusammenzuführen? In Potsdam stellen wir allerdings fest, dass unser Liebeswerben auf wenig Gegenliebe stößt. Der Ministerpräsident zeigt sich völlig ahnungslos.

Im Zweifrontenkrieg

Während der Aufsichtsratssitzung der Salzgitter AG am 17. Juli spreche ich den Verbleib der Immobilien der alten Salzgitter AG in Salzgitter an. Der stellvertretende Vorsitzende des Aufsichtsrats, Horst Schmitthenner, seines Zeichens Mitglied des geschäftsführenden Vorstandes der IG Metall, rastet gleich aus. Er mag das Thema nicht. Daher reagiert er unwirsch und wird laut – mir gegenüber. Die anderen Aufsichtsräte sind ob seines Tonfalles pikiert und erschrocken. Das ist nicht der Ton auf einer ordentlichen Chefetage, eher Gassenjargon. Der IG Metall-Boss ist zwar den Stahlarbeitern in Salzgitter gegenüber verpflichtet, aber als stellvertretender Vorsitzender des Aufsichtsrats der Preussag AG zugleich auch ganz offiziell in die Betrugsvorgänge in Hannover eingebunden. Außerdem haben WestLB und Preussag der Salzgitter AG gerade im Monat zuvor den Börsengang versaut. Der Mann trägt also auf beiden Schultern. Nun muss Horst Schmitthenner seine Sympathien verteilen. Die FRANKFURTER ALLGEMEINE ZEITUNG kommentiert die Rolle von Horst Schmitthenner in ihrer Ausgabe vom 5. September 2000 wie folgt: »Nach der Trennung [d. h. dem Börsengang, H.-J. S.] entschied sich Schmitthenner für die Interessen der Preussag. Ausweislich des Protokolls eines Gespräches mit Betriebsräten von Salzgitter warf er Selenz vor, einen Privatkrieg gegen Preussag zu führen, obgleich der nur die Interessen von Salzgitter vertrat.«

Meine Rolle als Vorsitzender des Vorstands der Salzgitter AG entwickelt sich langsam aber sicher mindestens zu einem Zweifrontenkrieg. Auch mein Kollege Arbeitsdirektor ist mit zunehmender Dauer der Diskussion um die Wohnungen auf die Seite der Preussag gewandert. Damit verrät er zwar die Interessen der Mitarbeiter in Salzgitter, aber seinen eigenen Interessen dient ein solcher Schritt wohl allemal.

Potsdamer Gespräche

Zusammen mit dem Kollegen Arbeitsdirektor Geisler fahre ich Mitte August per Bahn erneut nach Potsdam. Es geht wieder einmal um unsere Bemühungen, mit der EKO-Stahl-Gruppe zu einer Einigung zu kommen. In der Potsdamer Staatskanzlei haben wir ein Treffen mit Ministerpräsident Stolpe. Begleitet werden wir von einem Rechtsanwalt aus Berlin mit guten Kontakten in die Regierung und von Hasso Düvel, IG Metall-Boss in Brandenburg und damit zuständig für das Stahlunternehmen an der Oder.

Stolpe macht auf mich den Eindruck eines völlig überforderten Mannes. Er begrüßt mit monotoner Stimme und hat die Akten offensichtlich nicht gelesen. Schade, denn eine Verbindung zwischen den beiden Firmen hätte großen unternehmerischen Charme. Nicht nur wegen der Geographie, sondern auch aus Sicht der Rohstoffversorgung, des Marktes, der Anlagen- und Verfahrenstechnik und nicht zuletzt auch wegen der langjährigen engen und erfolgreichen Produktionskontakte zwischen Salzgitter und Eisenhüttenstadt. Wir kommen leider nicht recht weiter. Liegt es vielleicht auch noch an den außerordentlich guten Beziehungen, die von Brandenburg zu Rhein und Ruhr bestehen? Unserem Stahlkonkurrenten Thyssen-Krupp würde eine Kooperation mit Brandenburg natürlich gar nicht schmecken. Dazu muss man wissen, dass die Aufbauarbeit in Brandenburg bevorzugt aus NRW begleitet wurde. Viele Spitzenpositionen in Regierung und Verwaltung sind daher auch heute noch von »Experten aus dem Rheinland« besetzt, wie ich von unserem Anwalt höre. Ja, wenn das so ist!

Bodo bläst zur Attacke

Anfang September ruft Bodo Hombach an. Er fühlt sich wohl in seinem neuen Amt als NRW-Wirtschaftsminister. Die Presseattacken vom Sommer, als es um seinen Hausbau in Mülheim ging, sind vergessen. Nun ist er wieder voller Tatendrang. Nach der Bundestagswahl am 27. September will er in seinem Ministerium gegen Neuber »zur Attacke blasen«, wie er mir sagt. Der Mann ist mutig. Wenn man Neuber so wie ich kennt, könnte man ihn auch für übermütig halten. In seinem Ministerium sitzen mit einiger Sicherheit Neuber-Freunde. Die informieren den »Paten« unverzüglich. Ich warne ihn und gebe ihm den guten Rat, seine Attacke auf den »Paten« außerordentlich sorgfältig vorzubereiten. Und heimlich. Sonst sei er nämlich tot, bevor er auch nur einen Ton geblasen hätte.

Der SPIEGEL als Genossendolch

VW prämiert in jedem Jahr die besten Lieferanten in verschiedenen Kategorien. Bewertet werden die unterschiedlichsten Teile, die Volkswagen in seine Fahrzeuge einbaut. Die Salzgitter AG stand auf der Qualitätsliste der Lieferanten für Stahlblech ganz oben. Den Preis soll ich am 19. September im Rahmen einer offiziellen Lieferantenprämierung entgegennehmen.

Als Location für die Preisverleihung hat man sich etwas Besonderes ausgedacht: ein Schiff vor Sardinien, die »Deutschland«. Mit einem Mitarbeiter aus der Qualitätsabteilung mache ich mich auf den Weg. Wir fliegen zuerst von Hannover nach Frankfurt, wo beim vereinbarten Treffpunkt schon viele freudig gestimmte Lieferanten und VW-Mitarbeiter versammelt sind.

Plötzlich summt das Telefon. Frau Könnecker, meine Sekretärin, ist ganz aufgeregt. Ihre Stimme zittert. Schlimme Nachrichten. Herr Adams, unser Aufsichtsratsvorsitzender, habe eine wichtige Informationen bekommen. Herr Frenzel, so die Information, habe in einer kleinen Runde berichtet, man wolle Gerhard Schröder noch mal so richtig eins auf die Schnauze geben. Der Börsengang seiner Salzgitter AG solle thematisiert werden.

Der SPIEGEL sei bereits informiert, heißt es. Am Montag sei die Meldung in der Zeitung. Die NRW-Bande hat allem Anschein nach mal wieder zugeschlagen. Zehn Tage vor der Wahl. Zum strategisch besten Zeitpunkt haut man dem eigenen Kandidaten noch mal so richtig eins in die Fresse. Genossen-Solidarität nennt man das wohl.

Ich solle jetzt erst einmal alle entscheidenden Leute informieren. Also fange ich an. Mit der Staatskanzlei geht es los. Dann kommt Alfred Tacke, NordLB-Chef Bodin, Finanzminister Aller, Sparkassenchef Hoppenstedt usw. usw.

Alle sind bedient. Insbesondere das Umfeld von Gerhard ist geladen. Man hat schon mit einigem gerechnet. Eine solche Aktion von den eigenen Parteigenossen aus NRW war aber nicht vorherzusehen. Zeitlich perfekt abgestimmt. So macht man das, wenn man Zugang zur Presse hat. Und den hat Neuber. In seinem unmittelbaren Umfeld wirbeln stets zwei gutbezahlte SPIEGEL-Redakteure herum. Irgend etwas fällt immer ab, vom Tisch des Herrn Neuber.

Mein Pressesprecher, Ulli Bieger, ein Ex-SPIEGEL-Mann aus dem Büro in Düsseldorf, schlägt am Telefon vor, sich beim SPIEGEL direkt zu erkundigen. Zwischenzeitlich startet der VW-Charterflieger in Richtung Sardinien. Die brillante Fernsicht beim knapp eineinhalbstündigen Flug über die Alpen Flug kann ich nicht genießen. Ich sitze wie auf heißen Kohlen. In Brescia nehme ich wieder Kontakt mit Salzgitter auf. Ulli Bieger hat sich bereits bei seinen früheren Kollegen erkundigt. Im Düsseldorfer Büro weiß man von nichts. Handelt es sich um eine Fehlanzeige? Liegen die Nerven so kurz vor der Wahl blank? Sind die Spekulationen mit einigen Leuten durchgegangen? Die ganze Aufregung scheint sich in Luft aufzulösen. Das wäre das Beste.

Ulli meint schließlich, dass es sich nach seinen Recherchen eigentlich nur um eine Ente handeln könne. Keiner der Redakteure aus Düsseldorf und der SPIEGEL-Zentrale in Hamburg wisse von einer solchen Aktion. Eine Woche vor der Wahl sei ein solcher Schuss gegen Schröder auch außerordentlich unwahrscheinlich. Das hat man ihm nicht nur in Hamburg gesagt. Er will aber noch abwarten, was sich in den nächsten Stunden tut. Entwarnung ist zwar angesagt, ganz ausschließen kann man eine solche Aktion allerdings nicht. Dazu ist die Quelle zu dicht, der Hintergrund zu klar.

Von Brescia geht's weiter mit dem Bus. Das Wetter ist herrlich, die Stimmung unter den Teilnehmern auch. Am Hafen angekommen setzen wir mit Booten der »Deutschland« zum Schiff über. Die ganze Veranstaltung ist perfekt organisiert. Wie beziehen die Zimmer und treffen uns eine halbe Stunde später an Deck. Dort gibt es zur Begrüßung Champagner und Drinks. Der Blick auf die Buchten der Costa Smeralda ist beeindruckend.

Das Telefon habe ich die ganze Zeit griffbereit. Ich nippe gerade an einem Gin Tonic, als mein Telefon klingelt. Ulli ist in der Leitung.

»Die Meldung kommt tatsächlich, aber nicht über Düsseldorf oder Hamburg, sondern über die Redaktion in Frankfurt.« Thema ist der missglückte Börsengang und damit die Tatsache, dass sich der größte Teil der Aktien immer noch in den Händen des Landes und der Landesbank befindet. Statt Privatisierung also Verstaatlichung. Der Börsengang als Schauveranstaltung für den Kanzlerkandidaten der SPD. Das Ganze eine Woche vor der Bundestagswahl. Inszeniert von den eigenen Parteifreunden aus NRW. Exakt die Truppe um Neuber und Frenzel, die den Börsengang torpediert hat, lanciert jetzt die Meldung über ihre eigene Großtat zum Schaden der ehemaligen Tochtergesellschaft. Wenn die Situation nicht so ernst wäre, könnte man sich fast auf die Schenkel schlagen. Jetzt, wo klar ist, dass die Meldung kommt, ist nur noch abzuwarten, wie sie von der Öffentlichkeit aufgenommen wird. Da ist vieles denkbar.

Unter der Überschrift »Scheinprivatisierung bei Salzgitter« erscheint die Meldung dann tatsächlich am 21. September und damit eine Woche vor der Bundestagswahl im SPIEGEL. In der Meldung ist über die wahren Hintergründe der Aktienrückkäufe und die gezielte Torpedierung des Börsenganges – natürlich – nichts zu lesen. Das Unternehmen und auch Gerhard Schröder gehen in Deckung. Gibt es jetzt den großen Knall? Steigen alle anderen Nachrichtenagenturen auch ganz dick ein?

Die Leute um Schröder und auch er selbst sind hypernervös. Insbesondere die Tatsache, dass es Genossen aus NRW sind, die ihm so kurz vor der Wahl noch einmal kräftig in die Suppe spucken, macht die Genossen in Hannover wütend. Und mitten drin Genosse Frenzel! Doch es bleibt ruhig an der Pressefront. Die anderen Nachrichtenagenturen steigen nicht ein. Die Nachricht geht in der Hektik vor der Wahl unter.

Tietmeyers Kommentar

Am 22. August 1998 lädt der Chef von Morgan Stanley in Deutschland, Dr. Rettig, zu einem Konzert ins Wiesbadener Schloss. Morgan Stanley hat den Börsengang der Salzgitter AG begleitet – und sich zum strategisch richtigen Zeitpunkt wieder abgesetzt! Prominenz aus der Deutschland AG füllt die Säle des Schlosses. Mit dabei natürlich auch der Präsident der Bundesbank, Dr. Hans Tietmeyer. Er hatte als Finanzstaatssekretär in Bonn die Verträge zwischen der Bundesregierung und der Preussag ausgehandelt, als 1989 die staatliche Salzgitter AG an die WestLB-Tochter Preussag AG verschenkt wurde.

Vor dem Konzertsaal spreche ich ihn an. Nachdem ich mich vorgestellt habe, zuckt er merklich zusammen. Ganz offensichtlich fühlt er sich nicht wohl in seiner Haut. Mein Name ist ihm bekannt.

Auf meine Frage, ob das mit dem »Verbrennen« des Wohnungsvermögens so geplant war, wie es jetzt bei der Preussag geschehen, oder ob nicht das Wohnungsvermögen beim Stahl hätte bleiben sollen, antwortet er: »Ja, Sie haben Recht, wir hatten da eine ganz klares Understanding [Festlegung, H.-J. S.]. Ich habe das sehr präsent.«

Wenn sich der Ex-Staatssekretär und Bundesbankpräsident doch auch um die Umsetzung der Verträge kümmern würde, die er damals selbst verfasst hat – auf der Basis der Bundeshaushaltsordnung!

Waffengeschäfte

Dr. Oellers, vormals Geschäftsführer der Deilmann-Gruppe, eine der vielen Preussag-Firmen, ruft mich auf der Fahrt nach Düsseldorf am 6. Oktober an. Er berichtet, dass er in Beugehaft war. Hintergrund sei unter anderem auch sein Wissen um Waffengeschäfte der Preussag AG. U-Boote von der HDW-Werft in Kiel, für Taiwan bestellt, sollten über Argentinien geliefert werden! Der argentinische Präsident Menem sei angeblich schon »im Boot« gewesen, dazu Roger Tamraz, ein Öl- und Waffenhändler aus den USA, der den Deal eingefädelt habe. Die Finanzierung sollte angeblich über die Bank Austria erfolgen, wo Neuber im Aufsichtsrat säße.

Unordentliche Ordner

Der Besuch bei Bodo Hombach am 6. Oktober sieht den neuen NRW-Wirtschaftsminister zwar noch in seinem Amt in Düsseldorf, aber schon bereit zum Sprung nach Bonn. Gerhard Schröder hat Bodo gebeten, die Leitung des Kanzleramtes zu übernehmen.

Seit seiner Immobilienaffäre im Sommer hat Bodo keine Ruhe mehr. Zwei SPIEGEL-Redakteure verfolgen ihn beinahe auf Schritt und Tritt. Es geht neben den Immobilien jetzt um ungewöhnliche Geschäfte des Preussag-Handels mit Textilien, bei denen er angeblich krumme Deals gedreht haben soll.

Bodos gerade beendete Tätigkeit als Geschäftsführer der Handelssparte der Preussag Stahl AG/Salzgitter AG hat ein für ihn ungewisses Nachspiel. Seine Vorgänger in der Geschäftsführung des Handels hatten sich – wie sich später herausstellte – mit dubiosen Textilhändlern eingelassen.

Das eigentliche Geschäftsfeld des Preussag-Handels war der Stahl – und davon verstanden die Stahlhändler eine ganze Menge. Die Erfolge auf diesem Gebiet hatten sie jedoch offensichtlich übermütig werden lassen. Die Geschäfte mit den Textilien schienen am Anfang auch gut zu laufen. Später ließen die Gewinne jedoch kräftig nach. Der Textilhandel der Stahlhändler endete am Ende mit dicken Verlusten. Bodo hatte sich um die Vermarktung der Textilien gekümmert. Das war nicht ganz einfach, weil es zum Teil modische Stücke waren, die schnell zum Ladenhüter wurden. Eine Partie war sogar im Lager abgebrannt. Das hatte Spekulationen ausgelöst.

Um mir die Zusammenhänge zu erläutern, ruft Bodo im Büro des Handels an. Er bittet um zwei Ordner, deren Inhalt er mir erklären will. Ich verabschiede mich zwischenzeitlich, um den Anwalt zu besuchen, der uns in der Immobilienfrage berät. Im Vorzimmer läuft mir Hans-Jürgen Wischnewski, der alte Ben

Wisch, über den Weg, der mit Bodo verabredet ist und dem ich vorgestellt werde.

Bei meiner Rückkehr drei Stunden später stellt sich heraus, dass eine Textil-Akte fehlt. Einer der beiden Ordner ist im Büro des Handels nicht mehr auffindbar. Merkwürdig!

Der Verkauf geht weiter
oder: Der Rausschmiss steht vor der Tür

Aller schlechten Dinge sind drei

Die NordLB sucht intensiv weitere Käufer für ihre Anteile an der Salzgitter AG. Nachdem der österreichische Kanzler Vranitzky mit dem Kompromissvorschlag gescheitert ist, muss ein neuer Vermittler her. In der Alpenrepublik sind dazu nur wenige geeignet. Filz und Klüngel an der schönen blauen Donau können es fast mit dem an Vater Rhein aufnehmen. Durch Vermittlung von NordLB-Chef Bodin kommt es zu einer Begegnung mit Vranitzkys Vorgänger, Josef Androsch, in dessen Wiener Büro. Es ist dies der nunmehr dritte Versuch, doch noch zu einer partnerschaftlichen Lösung zwischen den beiden Stahlunternehmen zu finden.

Josef Androsch, der elegante Mann im perfekten Maßanzug, ist einer der Hauptakteure der Österreich AG. Aus seinem Büro in der Wiener Innenstadt hat man nicht nur einen guten Blick auf die Oper. Aus seinem Büro heraus wären fast alle wichtigen Männer der Alpenrepublik fußläufig zu erreichen, wie er uns sagt.

Geduldig hört er sich meinen Vortrag an, dann den des NordLB-Bankers Dr. Dunkel. Schnell hat er die Zusammenhänge und auch das Problem erfasst. Mit ein paar gezielten Fragen kreist er dann die Thematik ein, um uns schließlich ganz elegant ins »Bristol« zu einem gepflegten Essen einzuladen. Der Mann hat Lebensart und lebt sie aus. Herausgekommen ist dabei am langen Ende allerdings nichts.

Provinzfürsten im Schlaraffenland

Für den 15. Oktober 1998 ist die erste Aufsichtsratssitzung der Salzgitter AG nach der Bundestagswahl angesetzt. Im Vorfeld haben sich die Spannungen um den Verbleib des Immobilienvermögens und um andere Fragen der aktienrechtlich korrekten Arbeit von der Preussag auch zur Salzgitter AG ausgebreitet. Wenn ich die Hauptgesellschafter darauf hinweise, ernte ich allerdings nur ein müdes Schulterzucken. Für IG-Metaller und SPD-Mitglieder sind ganz offensichtlich viele Vorgaben des Aktiengesetzes und des Strafgesetzbuches außer Kraft gesetzt. Juristisch korrektes Handeln durch die Landesregierung unterbleibt. Spitzengenossen nutzen das systematisch aus, um sich wie absolutistische Provinzfürsten aufzuspielen. Das, was heute unter den Begriffen »System VW« und »Hartz VI« die Öffentlichkeit schockiert, hat in Niedersachsen einen langen Vorlauf. Staatsanwaltschaften und Gerichte sind ebenfalls systematisch mit Parteigenossen besetzt worden, deren vornehmste Aufgabe es ist, durch Rechtsbeugung und Strafvereitelung im Amt andere Genossen vor Strafverfolgung zu bewahren. Korrekte Juristen sprechen bereits von »kriminellen Clustern/Netzwerken« in niedersächsischen Justizbehörden. Diese kriminellen Wurzeln gab es selbstverständlich lang vor der Aufdeckung der VW-Mafia um Hartz, Schuster, Gebauer und Co.! Niedersachsen wurde quasi zum rechtsfreien Schlaraffenland für amtierende SPD-Provinzfürsten.

Gerhard Schröder residiert bereits nicht mehr in Hannover. Mit seinen beiden Getreuen, Steinmeier und Tacke, ist er nach Bonn abgerauscht. Ihnen hat er viel zu verdanken. Steinmeier war Leiter der Staatskanzlei, ein Aktenfresser und harter Arbeiter; Tacke war der heimliche Chef des Wirtschaftsministeriums, Stratege von hohen Graden und gut vernetzt mit allen wichtigen Bossen im Lande. An den beiden ging nichts vorbei zwischen Harz und Nordseeküste.

Der Abgang dieser beiden Topleute hinterlässt ein schmerzliches Vakuum – fähige Köpfe sind rar geworden in der Regierung an der Leine. Das Niveau einiger Volksvertreter im Parlament an der Leine war ebenfalls nicht gerade überragend. Da ich beruflich viel mit Parlamentariern verkehrte, hatte ich mir eine Standard-Fangfrage für sie zurechtgelegt: Sagen Sie mal, Frau/Herr XY, wie viele Millionen hat eine Milliarde, zehn oder hundert!? Viel zu oft sah ich in fragende Augen: »Sie stellen aber auch Fragen«, »Mathe war nicht mein Fach, ich bin Jurist«, »Gute Frage, keine Ahnung«. Solche Volksvertreter verwalten unsere Steuergelder!

Um seine eigene Nachfolge hat sich Gerhard Schröder ebenfalls nicht allzu sehr gekümmert. Das dadurch entstandene Machtvakuum beschert Niedersachsen nun einen völlig überforderten Nachfolger. Neuer Ministerpräsident wird nämlich mit Gerhard Glogowski sein ehemaliger Innenminister. Dessen Spitzname: Gerd II. Gerd II hatte sich erkennbar zum ausgewiesenen Weinkenner entwickelt. Er besaß als SPD-Provinzfürst der Region Braunschweig zudem die stärkeren Bataillone im Vergleich zu den anderen niedersächsischen SPD-Bezirkschefs. Gerd II ist sehr eng befreundet mit meinem Kollegen Arbeitsdirektor, Herrn Geisler.

Eine Frucht dieser Freundschaft ernte ich gleich nach Beginn unserer gemeinsamen Aufsichtsratsvorbesprechung am 14. Oktober. Schon nach kurzer Zeit stellt sich heraus, dass mich mein Aufsichtsratsvorsitzender, Herr Peter Adams, nicht mehr mag. Er sei verwundert über den Zwist im Vorstand. Da müsse er unbedingt etwas tun. So könne es auf keinen Fall weiter gehen. Es könne sein, dass der Aufsichtsrat schon in seiner morgigen Sitzung auch personelle Konsequenzen ziehen werde. Auch ich als Vorsitzender des Vorstandes sei nicht automatisch außen vor. Das klang schon nach: Du kannst dir die Papiere holen.

Mein Kollege Arbeitsdirektor redet in dieser Sitzung bereits Klartext. Er habe zwar keine Ambitionen auf meinen Posten als Vorstandsvorsitzender, sei aber schon sehr erstaunt über mein Verhalten. Ich sei doch sonst ein so guter Taktiker und Stratege. Ob ich denn gar nicht bemerkt hätte, dass sich das politisches Umfeld in Niedersachsen dramatisch verändert habe. Meine großen Freunde – damit meinte er Schröder, Steinmeier und Tacke – säßen jetzt weit weg in Bonn und könnten gar nichts mehr für mich tun!

Offenbar soll nun mein Kopf rollen. Die Arbeitnehmerseite, angeführt vom IG Metall-Vorstand und stellvertretenden Vorsitzenden des Salzgitter- und Preussag-Aufsichtsrates, Horst Schmitthenner, war nicht untätig gewesen. Mit Peter Adams hatte er den Aufsichtsratsvorsitzenden der Salzgitter AG – und damit quasi den »Chef« der Arbeitgeberseite meines Aufsichtsrates – schon auf seine Seite gebracht. Ein absolutes Novum in der deutschen Industriegeschichte. Das Arbeitgeber-Aufsichtsratsmitglied Glogowski ist wiederum ein enger Freund von Preussag-Chef Frenzel, meinem ganz speziellen Spezi. Später wird sich herausstellen, dass Glogo sogar seine Hochzeitsreise auf Kosten der Preussag AG durchführte, bis man ihn zwang, sie – nachträglich – persönlich zu bezahlen.

Putschversuche

In der HANNOVERSCHEN ALLGEMEINEN ZEITUNG (HAZ), die unter der Regie der SPD-eigenen DDVG steht, ist – natürlich rein zufällig – am 16. Oktober von den Spannungen zu lesen, die zwischen der Preussag und mir bestehen. Es ist sogar die Rede davon, dass es zwischen Frenzel und mir »schwere persönliche Zerwürfnisse gegeben habe.« Welche Untertreibung!

Meine Klage vor dem Landgericht Hannover ist der Preussag außerordentlich unangenehm. Mit der Klageschrift sind nunmehr Details der Betrugsvorgänge innerhalb des Unternehmens »gerichtsbekannt«. Daher muss ich als Kläger so schnell wie irgend möglich abserviert werden. Wie praktisch ist es da, dass die Preussag mit Horst Schmitthenner unmittelbar einen Vertreter im Salzgitter-Aufsichtsrat hat und das auch noch an führender Stelle. IG Metall-Vorstand Schmitthenner ist ja bekanntlich sowohl bei der Preussag AG wie auch bei der Salzgitter AG stellvertretender Vorsitzender des Aufsichtsrates – natürlich rein zufällig.

Im Vorstand gibt es eine klare Lagerbildung. Drei Kollegen sind ebenso wie der Aufsichtsratsvorsitzende auf der Arbeitnehmerseite. Wir haben also eine außerordentlich kritische Patt-Situation mit großen Vorteilen für die Putschisten. Jetzt hilft nur noch ein Anruf in Bonn. Ich unterrichte Bodo Hombach im Kanzleramt von dem Putschversuch. Der bespricht sich mit Steinmeier und ruft dann Finanzminister Aller an, den kompetentesten Vertreter des Landes im Aufsichtsrat des Hauptgesellschafters NordLB. Der ist zwar auch SPD-Mitglied, aber zumindest einigermaßen objektiv. Aus Bonn erhält Minister Aller die Order, den Putsch sofort abzublasen. Man kennt dort ja den Hintergrund der Betrugsvorgänge bei der Preussag AG. Außerdem weiß man dort genau, wie

Preussag- und Salzgitter AG-Aufsichtsrat Schmitthenner in die Preussag-Betrugsvorgänge verwickelt ist. Das kann schließlich auch der Aufsichtsratsvorsitzende Adams nicht ignorieren. Er, der bereits »auf der Arbeitnehmerbank sitzt«, wie später in einem Betriebsratsprotokoll zu lesen sein wird, muss den Putsch abblasen. Mit dem Strick in der Tasche. Meine fest eingeplante Exekution muss wohl oder übel verschoben werden.

Rau for President

Am 18. Oktober 1998 ist der Empfang des Konsularischen Korps Niedersachsen im Historischen Museum in Hannover. Der neue Landesvater Glogowski begrüßt die Gäste und badet im Beifall seiner prominenten Landeskinder. Die neue Rolle behagt ihm sichtlich. Der Abend verläuft ziemlich kurzweilig. Ich stehe gerade zusammen mit dem Chefredakteur der HAZ, Dr. Wolfgang Mauersberg, als Glogo gezielt auf mich zukommt.

In überheblichem Tonfall und mit fast kindlichem Stolz teilt er mir mit, man habe Johannes Rau gerade zum Kandidaten für die nächste Bundespräsidentenwahl nominiert.

Rau? Na, denn man tau!

Gerichtsakten

In der Hauptverwaltung der NordLB übergebe ich am 19. Oktober den beiden Aufsichtsratsmitgliedern Dr. Krajewski vom Finanzministerium und Dr. Dunkel von der NordLB 18 Vermerke und eine handschriftliche Erklärung, die ich an den beiden Tagen zuvor angefertigt habe. Das Dossier enthält alle Verstöße gegen das Aktiengesetz und andere gesetzliche Vorgaben, die ich innerhalb der Gesellschaft festgestellt und dokumentiert habe. Bis dato hatte ich die Herren nur mündlich informiert.

Die Reaktion? Schiere Ratlosigkeit und blankes Entsetzen. Die Gesellschafter haben mit meinen Vermerken und den Dokumenten, die diese ergänzen, nun gerichtsverwertbares Material in Händen. Es geschieht aber erst einmal – nichts.

NordLB-Vorstand Dr. Dunkel bittet mich kurz danach zu einer Besprechung nach Hannover. Es geht mal wieder um die Ängste bei der NordLB wegen der großen Zahl Salzgitter-Aktien, die immer noch bzw. schon wieder im Tresor der Landesbank lagern. Er bittet mich, alle Möglichkeiten denkbarer Kooperationen auszuleuchten, die es für die Gesellschaft gibt. Ich verspreche ihm, mein Möglichstes zu tun. Schließlich ist es unangenehm, einen Zwangsgesellschafter in dieser Größenordnung zu haben.

Gepflegte Presse

Gegen Ende des Gespräches kommt Herr Dr. h.c. Manfred Bodin in das Büro von Dr. Dunkel. Er eröffnet mir im Beisein seines Kollegen Überraschendes. Die Unterlagen, die ich dem Chefredakteur der HAZ, Dr. Mauersberg, übergeben habe, seien von diesem an Herrn Dr. Frenzel weitergeleitet worden. Frenzel seinerseits habe sich danach bitter bei ihm – Bodin – beschwert, dass ich angebliche »Geheimunterlagen« an die Presse weitergeleitet hätte.

Ich möge doch bitte beachten, rät mir der Chef der NordLB, dass die Dinge in Hannover etwas komplexer lägen als anderswo. Die Verbindungen der HANNOVERSCHEN ALLGEMEINEN ZEITUNG zur SPD-Landesregierung seien zwar nicht schlecht, diejenigen zur Preussag seien aber extrem eng. Das wisse ich doch wohl. Schließlich ist der »Pate« Neuber Mitglied des Treuhandaufsichtsrates der SPD-eigenen DDVG. Mehr müsse er mir dazu wohl nicht sagen.

Der Inhalt der Papiere sei zwar nicht geheim, antworte ich, jedoch für die Preussag außerordentlich unangenehm, da er belege, dass der Konzern gegen bestehende Verträge mit der Bundesregierung und gegen die Bundeshaushaltsordnung verstoßen habe.

Die Unterlagen seien dem Chefredakteur von meinem Fahrer in einem verschlossenen Umschlag persönlich vertraulich überbracht worden. Es sei schon sehr bemerkenswert, wie der Chefredakteur mit vertraulichen Unterlagen umgehe. Da geben mir die beiden NordLB-Vorstände ausnahmsweise Recht.

Gepflegte Beziehungen, im wahrsten Sinne des Wortes. Die Bürger der Metropole an der Leine wissen in aller Regel gar nicht, an welcher Leine ihre Tageszeitung hängt.

Der Wind schlägt um

Nachbeben im Landtag

Die SPIEGEL-Meldung über die »Scheinprivatisierung« der Salzgitter AG ist nun – Ende Oktober und mit einiger Verspätung nach der Wahl – auch in Hannover angekommen. Christian Wulff, Oppositionsführer im Landtag, wettert über den Börsengang der Salzgitter AG als »SPD-Politshow«. Mit unwahren Angaben sei der Börsengang der Salzgitter AG »missbraucht« worden. Seine Kritik hat er in einem Brief an den Gesamtbetriebsrat des Unternehmens konkretisiert. Sie gelte nicht dem Unternehmen und seinen Beschäftigten, sondern allein dem Zusammenwirken zwischen NordLB und Landesregierung. Die Opposition habe das Handeln der Regierung zu kontrollieren, betont er. Dieses gelte vor allem dann, wenn die führende Bank in Niedersachsen, die NordLB politisch missbraucht werde.

Die NordLB hatte dem Bundesaufsichtsamt am 13. Juni, also elf Tage nach dem Börsengang gemeldet, sie halte 44,8 Prozent der zurechnungspflichtigen Aktien. Keine zwei Wochen nach dem Börsengang hatte die Landesbank demnach fast drei Viertel der emittierten Aktien im Depot an der Leine. Die aktuelle Höhe ihrer Anteile wollen die Landesbanker nicht offen legen. Der CDU-Chef betont in einem weiteren Brief an den NordLB-Vorstand, die Bank sei dem Landtag gegenüber informations- und auskunftspflichtig. Die NordLB müsse mitteilen, wie viele Aktien sie an der Salzgitter AG direkt und durch Unternehmen halte, an denen sie beteiligt sei.

»Die NordLB ist keine SPD-Bank, sondern eine Landesbank«, wettert Wulff. Damit hat er zweifellos Recht. »Sie haben sich öffentlich für die Emission feiern lassen, daher müssen Sie auch mit kritischen Nachfragen im Falle einer gegenteiligen Entwicklung rechnen.«

Der NordLB-Vorstand wirft dem Oppositionschef daraufhin

vor, der Bank einen »nachhaltigen Ansehensverlust mit unabsehbaren – auch materiell messbaren – Schäden zuzufügen«. Der Vorwurf Wulffs, es handele sich um eine »Scheinprivatisierung«, enthalte zudem den »Vorwurf der vorsätzlichen Untreue und des absichtlichen Verstoßes gegen die Vorschriften des Wertpapierhandelsgesetzes«. Der überaus dreiste Angriff gegen den Oppositionschef der Opposition endet mit der Aufforderung an Christian Wulff, seine »Behauptungen in der Öffentlichkeit richtig zu stellen«. Unverschämter können Banker kaum sein.

Auch die Verteidigungsversuche der Landesregierung sind angesichts der vorliegenden Fakten dreist. SPD-Fraktionschef Gabriel wirft dem Oppositionschef vor, mit seiner Kritik »Tausende von Arbeitsplätzen zu gefährden«. In grotesker Verdrehung der Faktenlage brandmarkt er Wulff damit zum Feind des Unternehmens. Um die Diskussion »nicht weiter anzuheizen«, zieht die SPD die im Landtag geplante aktuelle Stunde zum Börsengang der Salzgitter AG zurück.

Dem massiven publizistischen Druck der SPD-gesteuerten DDVG-Presse hält die Opposition nicht lange stand. Schon nach kurzer Zeit ebben die Proteste ab. Man will sich auf keinen Fall ernsthaft mit der SPD-Regional-Presse anlegen, denn die sitzt – bekanntlich – immer am längeren Hebel. So ist sie, die pragmatische Real-Politik in einer Mediengesellschaft.

Konkurrierende Staatskonzerne

Ministerpräsident Glogowski bittet mich um eine Unterredung für den 29. Oktober. Treffpunkt ist mal wieder »Wichmann« in der Hildesheimer Straße. Glogo ist ein wenig angeschlagen. Tags zuvor hatte er mit seinem Dienstwagen einen Totalschaden. Er war im Ruhrgebiet unterwegs, um bei der Vereidigung von Gerd I dabei zu sein. Auf der Autobahn musste sein Fahrer bei hohem Tempo ausweichen. Der Wagen kam von der Straße ab und wurde in der Böschung »ein wenig verformt«. Er hat sich bei diesem Unfall einige Prellungen zugezogen. Nichts Ernstes, aber durchaus schmerzhaft. Wir trinken erst einmal ein kleines Bierchen.

Volkswagen-Chef Piëch habe sofort bei ihm angerufen und

sich persönlich nach seinem Befinden erkundigt. Natürlich stünde ein Ersatzwagen bereit, da müsse er sich keine Sorgen machen. Mit diesem Spezialservice hat Piëch die Servicelatte ganz schön hoch gelegt. Die servile »Meisterleistung« des VW-Chefs bringt Glogo ins Schwärmen.

Der neue Job macht ihm offenkundig immer mehr Spaß. Man ist nun wirklich wer. Sogar der Chef von VW – persönlich – kümmert sich jetzt um einen.

Während das Essen aufgetragen wird, beginnt der Landesvater zu erzählen. Er ist der Meinung, dass das Land nicht der geeignete Partner für ein Stahlunternehmen sei. »Wir wollen so schnell wie möglich aus unserem Engagement heraus. Die NordLB will das übrigens auch. Das mit der Verstaatlichung muss sofort wieder zurückgedreht werden.«

»Das mit dem Aktienrückkauf durch die NordLB haben doch die WestLB und die Preussag angezettelt. Wenn diese Torpedierung nicht stattgefunden hätte, wären heute die Aktien wirklich in Streubesitz«, wende ich ein.

»Man hat die Preussag aber auch ganz schön geärgert. Und du warst nicht ganz schuldlos an der ganzen Sache. Das mit den Immobilien war doch unnütz.«

»Nun mal langsam«, entgegne ich. »Erstens war das mit den Immobilien nicht unnütz. Die gehören und gehörten schon immer zum Stahlwerk. Was das jetzt mit der Torpedierung unseres Börsenganges zu tun hat, das musst du mir erst mal erklären. Wenn die NordLB das ganze Material, das von der WestLB auf den Markt geworfen wurde, aufkauft und sich nicht bei der Börsenaufsicht beschwert, kann doch das Unternehmen nichts dazu. Eine Verstaatlichung war das jedenfalls nicht. Und zweitens haben wir einen Vertrag zwischen dem Land und der Salzgitter AG.«

»Der ganze Mist kam doch nur, weil mein lieber Vorgänger unbedingt nach Bonn wollte. Der hat mir auch sonst noch 'ne Menge Dreck hinterlassen. Das kann ich dir sagen. Verträge sind ohnehin nur Menschenwerk. Die sind von Menschen gemacht und können auch von Menschen wieder verändert werden«, berichtet Glogo in ziemlich forschem Ton. »Außerdem brauchen wir Geld für VW. Da soll es bald eine Kapitalerhöhung geben.

Und da die Landeskasse leer ist, wie du ja sicher weißt, müssen wir halt sehen, wo wir das Geld auftreiben können.«

»Du willst also Salzgitter-Aktien verkaufen, um den Landesanteil bei VW halten zu können? Wo ist denn da die Verstaatlichungslogik?«

»Das lass mal. VW ist eben eine andere Liga. Da müssen wir das Bein in der Tür behalten. Wenn der Laden mal abschmiert, na dann prost Mahlzeit in Niedersachsen. Aber die sind gut. Der neue Golf zum Beispiel. Ganz große Klasse ist der. Haste den schon mal gefahren?«

»Nein, aber der muss wirklich gut sein«, antworte ich. »Die Testberichte sind allererste Sahne.«

»Das ist alles große Klasse. Darauf sollten wir einen trinken. Prost.«

»Prost!« Die zweite Flasche Wein ist inzwischen auch schon leer. Ich ordere die dritte.

»Damit will ich ja nicht sagen, dass ihr schlecht seid«, sagt mir Glogo tröstend. »Aber VW ist halt größer und wichtiger. Bin ja schließlich lange genug im Aufsichtsrat bei euch drin.«

»Na, das tröstet mich aber.«

»Das Finanzministerium und die NordLB sind doch schon auf der Suche nach einem Käufer für eure Aktien.«

»Na klar, weiß ich das. Bin doch schon mit Dunkel in Wien gewesen. Da haben wir mit Androsch gesprochen. Die Drähte über Vranitzky waren verschlissen. Da ging nichts mehr«, sage ich ihm.

»Da musst du aufpassen. Die im Finanzministerium und in der NordLB haben doch alle vom Stahl keine Ahnung.«

»Das stimmt. Aber die Interessenten für eine solche Beteiligung sind auch nicht gerade breit gestreut und stehen erst recht nicht Schlange. Wir können das nicht übers Knie brechen.«

»Das sollt ihr auch nicht, aber zügig soll es schon gehen. Wir brauchen schließlich das Geld. Da musst du dich rein hängen. Hilft alles nichts«, muntert mich Glogo auf.

Inzwischen ist auch die dritte Flasche leer. Wie ich vom Ober erfahre, war es die letzte von diesem Wein und diesem Jahrgang. Ehe wir uns an einen neuen Wein gewöhnen, trinken wir lieber vor dem Aufbruch noch ein frisch gezapftes Pils.

Sigmar Gabriel oder: Ein Chaot sorgt für Ordnung

Am 6. November hat sich der neue Fraktionsvorsitzende der SPD im Landtag von Hannover, Sigmar Gabriel, zu seinem Antrittsbesuch bei der Landesgesellschaft Salzgitter AG angemeldet. Ihm geht der Ruf voraus, nicht auf den Mund gefallen zu sein. Politische Kontrahenten nennen ihn auch schon mal Revolver-Schnauze. In seiner Heimatstadt Goslar trägt er wegen der vielen heißen Luft, die seinem Mund entströmt, den Spitznamen »der Föhn«.

Sigmar Gabriel betritt mein Büro und bleibt sofort wie angewurzelt stehen. Er wirkt kleiner als auf den Pressefotos – und vor allem pummeliger. Mit offenem Munde betrachtet er meine Wände, eine Bildersammlung aus der Arbeitswelt der Stahlwerker und Bergleute. Schon als Student habe ich mit dem Sammeln angefangen. Damals waren diese Bilder spottbillig. Heute ist das Genre sehr gefragt, entsprechend haben sich die Preise entwickelt. Aber wer will schon Stahlwerker bei der Arbeit sehen? Ist das nicht igitt? Selbst manche Kollegen aus der Zunft sind erstaunt, wenn sie erstmals mein Büro betreten.

Sigmar Gabriel hingegen ist hin und weg. Zumindest ist das seinen Äußerungen zu entnehmen. »Nein, das finde ich ja toll. Richtig beeindruckend.« Er steht breitbeinig da und staunt. »Solche Bilder hätte ich auch gerne. Ich komme nämlich aus Goslar, müssen Sie wissen. Da haben Bergbau und Hüttenwesen eine lange Tradition. Aber so viele tolle Bilder habe ich ja noch nie gesehen. Gehören die alle Ihnen oder der Firma?«

»Bis auf die zwei hinter dem Tisch gehören die Bilder alle mir«, entgegne ich dem immer noch staunend dastehenden Mann mit den sehr lebendigen Augen.

»Auf dem Gang habe ich auch schon welche gesehen. Gehören die Ihnen auch?«

»Nein«, antworte ich, »das sind Bilder, die im Laufe der Jahrzehnte innerhalb der Firma entstanden sind. Hauptsächlich in Peine hat man in der Vergangenheit immer wieder bekannte Maler gebeten, die Arbeitswelt für die nachfolgenden Generationen festzuhalten. Dabei ist ein richtiger Bilderschatz entstanden. Der letzte Maler, der in den Werken gemalt hat, war der auch international renommierte Künstler H. D. Tylle aus Kassel. Zwei seiner Bilder hängen auf dem Gang. Ein Bild aus dem Zyklus gehört mir persönlich. Das hängt hinter dem Schreibtisch.«

»Der hat ja richtig was drauf. Gefällt mir sehr.«

»Wollen wir uns nicht setzen?«, frage ich ihn. »Was möchten Sie? Tee oder Kaffee?«

»Ich hätte gern ein Wasser.«

Auf dem Weg zu seinem Sessel mustert er aufmerksam meine Büroeinrichtung. »Sind aber keine neuen Sachen«, bemerkt er mit Kennerblick.

»Das ist richtig«, entgegne ich, »alles von meinem Vorgänger übernommen.«

»Das lob' ich mir, wenn der Chef beim Sparen mit gutem Beispiel voran geht.«

Meine Sekretärin kommt mit den Getränken. Er bedankt sich artig für das Wasser und schaut sich weiter die Bilder an, die ihm offensichtlich wirklich imponieren. Ich erläutere ihm einige Szenen, die einige technologische Meilensteine der metallurgischen Entwicklung zeigen.

Da unterbricht uns meine Sekretärin mit dem Hinweis, Herr Hombach wolle mich sprechen.

Sofort steht Sigmar Gabriel kerzengrade. »Ich gehe derweil raus«, sagt er.

Ich beruhige ihn und bitte ihn, sich wieder zu setzen. Herrn Hombach werde ich später anrufen.

»Aber nein, ich gehe derweil raus. Ist doch kein Problem.«

»Nun bleiben Sie wirklich sitzen«, entgegne ich. »Herrn Hombach rufe ich später an.«

Sigmar Gabriel kann es kaum fassen. Und bietet mir zum dritten Mal an, aus dem Zimmer zu gehen. Der Name Hombach hat ihn elektrisiert.

»Ein toller Mann«, sagt er mir, als er wieder auf seinem Sessel sitzt. »Von dem müssten wir in unserer Partei noch mehr haben. Der kann wirklich was bewegen. Und er ist sehr nett. Habe ihn kürzlich kennengelernt und nach Goslar eingeladen. Vielleicht besucht er uns dort ja mal. Bestellen Sie ihm auf jeden Fall einen schönen Gruß von mir, wenn Sie nachher mit ihm sprechen. Aber ich kann auch gerne jetzt mal kurz rausgehen.«

»Nun ist aber gut«, entgegne ich dem rundlichen Mann. »Jetzt sprechen wir erst einmal über die Salzgitter AG.«

»Ja, die Salzgitter AG«, meint er, »das ist ja auch eine ganz spannende Geschichte.«

»Das kann man wohl sagen«, entgegne ich. »Spannend ist nicht untertrieben.«

»Wir haben es aber auch nicht leicht in Hannover. Nach dem Show-Mann ist nun wieder arbeiten angesagt. Wir müssen alles das, was in den letzten Jahren liegen geblieben ist, wieder auf Reihe bringen.«

Ich verstehe nur Bahnhof. Wen meint der kleine dicke Mann mit dem Show-Mann? Doch nicht etwa den Parteifreund Schröder? Ich frage deshalb nach. »Was denn für ein Show-Mann?«

»Na, der Show-Mann, der jetzt in Bonn ist!«

»Gerhard Schröder?«

»Ja wer denn sonst! Wirklich keine leichte Aufgabe. Das können Sie mir glauben.« Ich bin wie vom Donner gerührt. Dann erfahre ich, dass man sich von der Salzgitter AG, die das Land vor neun Monaten gekauft hat, auch bald wieder trennen wolle. Ich höre wohl nicht recht! Der Neoliberalismus hat offenbar einen neuen Anhänger gefunden.

Trennung trotz Treueschwüren?

Offiziell werden Treueschwüre abgegeben und hinter dem Rücken der Firma und der Mitarbeiter wird schon die Trennung vorbereitet. »Das mit der Verstaatlichung der Salzgitter AG muss so schnell wie möglich wieder zurückgefahren werden«, erfahre ich aus dem Mund des Wirtschaftsexperten Gabriel. Die Vokabel kommt mir sehr bekannt vor. Glogo hatte die gleichen Ausdrücke verwendet, kürzlich bei »Wichmann«.

»Das ist doch ein Anachronismus im Jahre 1998. Glogo habe ich schon davon überzeugt.«

Jetzt wird mir langsam klar, woher Glogo seine Erkenntnisse hatte, als wir uns vor einer Woche in Hannover trafen. Der Fraktionsvorsitzende spielt seine eigenen Spielchen. Kaum ist der alte Ministerpräsident weg, wird die Firma, die ihm den

Wahlsieg eingebracht hat, wieder vertickert. War also ein reines Wahlkampfmanöver. Wenn das man gut geht. Die Verträge sehen vor, dass die Landesregierung ihre Beteiligung von 25,5 Prozent mindestens fünf Jahre hält. Es muss jetzt doch erst einmal Ruhe in den Laden kommen. Außerdem verdienen wir ja auch eine Menge Geld. Das käme der Landeskasse zugute. Allemal keine schlechte Verzinsung des eingesetzten Geldes. Aber wahrscheinlich haben Glogo und Gabriel Einflüsterungen von »interessierter« Seite erhalten. Anders ist der rapide Meinungsumschwung gar nicht zu erklären. Und der Kanzler sähe bei einem solchen Ex-und Hopp-Spiel mit »seiner« Salzgitter AG auch nicht gut aus. Aber auch das ist den neuen Herren in Hannover ganz offensichtlich schnuppe.

Gerd II will sich wahrscheinlich so schnell wie möglich ein eigenes Image aufbauen und sich ganz deutlich von Gerd I abnabeln. Koste es, was es wolle.

Zoff im Wirtschaftsausschuss

Am Nachmittag des 16. November trifft sich der Wirtschaftsausschuss der Salzgitter AG zu einer turnusgemäßen Sitzung. Der Wirtschaftsausschuss ist in den montanmitbestimmten Unternehmen der Stahlindustrie ein wichtiges Informations- und Steuerungsgremium. Im Wirtschaftsausschuss werden in regelmäßigen Abständen alle wichtigen Unternehmensentwicklungen in paritätischer Runde besprochen. Dabei werden durchaus auch Themen behandelt, die ansonsten tabu sind.

Ich berichte den Vertretern des Betriebsrats über den Bestechungsversuch von Herrn Dr. Frenzel gegenüber dem Vorstand der Preussag Stahl AG am 5. Dezember letzten Jahres. Da hatte mein Preussag-Vorstandskollege jedem Vorstand der Stahlgesellschaft 1 Mio. DM geboten – schwarz auf die Hand – wenn wir die Firma »konstruktiv« an die Engländer vertickert hätten. Einige meiner Kollegen sind wie vom Donner gerührt, dass ich dieses Thema gegenüber dem Betriebsrat so offen anspreche. Insbesondere der Kollege Arbeitsdirektor kriegt fast einen Tobsuchtsanfall. »Doch nicht hier!«, brüllt er mich an.

»Ja, wo denn sonst?«, entgegne ich.
Schon ist er still!
Die Betriebsräte wollen durchaus genau und mit den entsprechenden Hintergrundinformationen über von Neuber und Frenzel versprochenen Zahlungen an den Vorstand informiert werden. Nach der Sitzung fragt mich der Vertreter der Behinderten im Betriebsrat, Herr Sahlmann, warum wir denn ein solch hohes Angebot nicht angenommen hätten. Ich entgegne ihm, dass ich damals sehr stolz auf meine Kollegen war. Nachdem ich diese Bestechung gegenüber Kollegen Frenzel sofort abgelehnt hatte, hatten sich meine Kollegen aus dem Stahlvorstand über dieses Angebot ebenfalls empört gezeigt. Herr Sahlmann ist beeindruckt und bedankt sich im Namen der Belegschaft dafür, dass wir in dieser Situation nicht nur an die eigenen Interessen gedacht haben.

Glogo wird sauer

Nachdem ich den Betriebsrat über den Bestechungsversuch informiert habe, übersende ich am 17. November, einen Tag später, die entsprechende Notiz als Fax an Glogo, Finanzminister Aller und Ministerialdirigent Dr. Krajewski vom Finanzministerium, um den Vorgang auch dort ganz offen und offiziell zu dokumentieren.

Es dauert keine zehn Minuten, bis ein Anruf aus der Staatskanzlei das Büro erreicht. Frau Könnecker stellt sofort durch. Es ist Glogo persönlich, der mir den Marsch blasen will. Er sagt, er halte es für eine ausgemachte Sauerei, dass ich solche sensiblen Sachen in aller Öffentlichkeit »ausplaudere«. Ich entgegne ihm, dass ich mir von denen, die unseren Börsengang torpediert haben – und das mit Ansage – nicht vorwerfen lasse, schlechte Ergebnisse zu haben. Darauf hatten die Betriebsräte uns nämlich in der Sitzung des Wirtschaftsausschusses angesprochen und zwar mit Verweis auf die schlechte Entwicklung des Aktienkurses der Salzgitter AG. Ich könne die Unterlagen ja auch sofort der Staatsanwaltschaft übergeben.

Glogo entgegnet, ich solle mich unterstehen, so etwas zu

machen. Die beiden Gesellschaften, die Preussag AG und die Salzgitter AG, hätten früher schließlich einmal zusammengehört. Heute habe man nur noch Streit miteinander. Er als Ministerpräsident in Niedersachsen müsse darauf achten, dass sich die heimischen Unternehmen friedlich gegenüberstehen. Das habe auch ich – bitte schön – zu beachten.

Ich halte dagegen, dass die Preussag Bilanzen fälsche und die WestLB und die Preussag AG unseren Börsengang zerstört hätten.

An dem letztgenannten Vorfall sei ich – bekanntlich – nicht ganz unschuldig, erwidert der Ministerpräsident, da ich mit der dauernden Diskussion um die milliardenschwere Immobilienfrage die Preussag sehr gestört habe.

Wer hier wen gestört hat, wer gegen wen intrigiert und wer wen attackiert, könne ich ihm aufzeigen, sage ich dem zwischenzeitlich sehr erregten MP und beende das Gespräch. »Nähere Begründungen erhältst du als Aktennotiz.«

Bereits am 11. November hatte Sigmar Gabriel öffentlich eingeräumt, dass die »Privatisierung nicht in dem Maße stattgefunden hat, wie sie prognostiziert wurde«.

Zwei Wochen später verkündet der neue Ministerpräsident, Gerd II, in der BRAUNSCHWEIGER ZEITUNG: »Wir wollen, wenn es geht, aus unserem Engagement heraus.« Deshalb sei die Ankündigung, dass Niedersachsen seine 25,5 Prozent Salzgitter AG-Anteile fünf bis sieben Jahre lang halten werde, nicht zwingend. Das Unternehmen führe bereits Gespräche über strategische Partnerschaften.

Galgenfrist für den Rebellen

Am Morgen des 26. November sprechen mich Mitarbeiter am Eingang der Hauptverwaltung in Salzgitter aufgeregt an. In der HANNOVERSCHEN ALLGEMEINEN ZEITUNG, der Hauspostille der Preussag, stehe ein ganz schlimmer Artikel.

Unter der Überschrift: »Galgenfrist für Selenz« erfährt der Leser in Hannover und Umgebung, dass ich nur noch eine »Galgenfrist« an der Konzernspitze der Salzgitter AG hätte. Nach einer »Revolte mehrerer Vorstände gegen Salzgitter-Chef Hans-Joachim Selenz« habe sich Ministerpräsident Gerhard Glogowski höchstpersönlich eingeschaltet, um den Betriebsfrieden wieder herzustellen. Dabei habe der Regierungschef sich offenbar vor allem mich »zur Brust genommen«. Ich hätte den Stahlkonzern durch meine »Privatfehde mit der früheren Muttergesellschaft Preussag AG gleich mehrfach negativ in die Schlagzeilen gebracht«.

Da werden also in einem Konzern in Niedersachsen Milliardenbetrügereien veranstaltet und derjenige, der diese kriminellen Vorgänge in Hannover vor ein so genanntes »ordentliches Gericht« bringt, wird von der sozialdemokratischen Hannoveraner Parteipostille öffentlich diskreditiert und auf den »Galgen« vorbereitet!

Der Artikel der SPD-Postille endet mit dem Satz: »Und manche raten ihm, sich vorsorglich schon einmal nach einem neuen Job umzusehen.«

Glogo will raus

Im Hintergrund setzen die Hauptgesellschafter, das Land Niedersachsen und die NordLB, die Gespräche mit verschiedenen potenziellen Stahl-Partnern fort. Das Ziel von Land und Landesbank ist weiterhin der vollständige Verkauf der jeweiligen Aktienpakete. Glogowski und Gabriel wollen so schnell wie irgend möglich raus aus dem Stahlunternehmen. Die Verkaufsbemühungen nehmen schon fast panische Züge an. Finanzminister Aller und NordLB-Vorstand Dr. Dunkel leiten verantwortlich die Aktivitäten der beiden Gesellschafter. Selbstverständlich in engstem Kontakt mit Ministerpräsident Glogowski, dem ständigen Antreiber, und NordLB-Chef Bodin. Der hat Angst, dass ihm sein Einsatz für den jetzigen Kanzler teuer zu stehen kommt. Und zwar dann, wenn die Aktien der Salzgitter AG unter den Einstandspreis von 17 DM fallen sollten. Auch bei der NordLB regiert daher die Panik.

Hinweise auf die solide Substanz des Unternehmens, technologische Vorsprünge gegenüber der Konkurrenz und die sich daraus ergebende durchaus nachhaltige Ertragsstärke verhallen unverstanden in den Ohren der ängstlichen und intriganten staatlichen Aktienbesitzer der Salzgitter AG. Interessantester Gesprächpartner ist schließlich die Arbed SA aus Luxemburg, der größte Stahlkonzern in Europa. Die Arbed ist bereits an zwei Standorten in Deutschland tätig – in Bremen und in Unterwellenborn in Thüringen. In Bremen erzeugt die Arbed in dem ehemaligen Klöckner-Stahlwerk Flachstahl wie die Salzgitter AG am Standort Salzgitter. Im thüringischen Unterwellenborn werden Träger wie in Peine hergestellt. Chancen für eine gedeihliche Partnerschaft sind daher durchaus gegeben.

Vorstandsturbulenzen

Am 19. Januar 1999 wird das Präsidium des Aufsichtsrats der Salzgitter AG – natürlich auch die IG Metall-Vertreter darin – von den beiden Hauptgesellschaftern über die konkreten Pläne zum Verkauf der Anteile des Landes und der NordLB an der Salzgitter AG offiziell informiert. Die Arbed wird als potenzieller Partner vorgestellt.

Am 9. Februar fliegt der Vorstand der Salzgitter AG zu Gesprächen mit der Geschäftsleitung der Arbed nach Luxemburg, wo gemeinsam über denkbare Kooperationsmodelle diskutiert wird.

Tags darauf, am 10. Februar, erklärt sich der Vorstand der Salzgitter AG schriftlich mit den Plänen der beiden Hauptgesellschafter, Land Niedersachsen und NordLB, einverstanden, eine Kooperation mit der Arbed zu prüfen. Alle Kollegen unterschreiben ein gemeinsames Protokoll. In der Vorstandssitzung gebe ich bekannt, dass der aus dem Büro des Handels verschwundene Aktenordner wieder verfügbar sei. Kanzleramtsminister Hombach hat mich entsprechend informiert, dass der Ordner bei einer Besprechung mit dem Kanzler und SPIEGEL-Redakteuren im Kanzleramt bei den Redakteuren wieder aufgetaucht sei. Außerdem hätten dieselben Redakteure Kopien schriftlicher Originalunterlagen über Hombachs Vertragskonditionen als Geschäftsführer der Handelsgesellschaft der Salzgitter AG gehabt, die sie nur aus der Salzgitter AG bekommen haben könnten. Verantwortlich für die Betreuung der Geschäftsführer der Tochter- und Beteiligungsgesellschaften ist bei der Salzgitter AG der Arbeitsdirektor. Der Kollege Arbeitsdirektor kann sich allerdings nicht erklären, wie diese Unterlagen über den Ex-Geschäftsführer unserer Handelssparte in die Hände der Journalisten gelangt sind. Die beiden Journalisten wechselten kurz darauf den Arbeitgeber.

Arbed – ja bitte!

Am nächsten Tag, dem 11. Februar, verbreitet der Fraktionsvorsitzende der SPD, Sigmar Gabriel, eine offizielle Pressemitteilung, wonach die Gespräche der Norddeutschen Landesbank mit dem luxemburgischen Arbed-Konzern über eine strategische Partnerschaft mit der Salzgitter AG »völlig normal und unternehmenspolitisch richtig« seien. Unternehmensleitung, Anteilseigner, Betriebsräte und IG Metall seien sich nach seinen Worten von Anfang an einig darüber gewesen, dass die Salzgitter AG einen strategischen Partner brauchte, um angesichts der Konzentrationsprozesse der europäischen Stahlindustrie auch langfristig ihre »starke Stellung« beibehalten und ausbauen zu können. Finanzminister Aller bläst noch am gleichen Tag ins gleiche Horn. Er verteilt eine gleichlautende offizielle Presseerklärung des Finanzministeriums.

Ebenfalls an diesem Tag unterzeichnen mein Kollege Arbeitsdirektor und ich eine offizielle Erklärung des Vorstandes an den Aufsichtsrat der Salzgitter AG:

»Die beiden großen Aktionäre der Salzgitter AG, die NordLB und die Hannoversche Beteiligungsgesellschaft mbH, verhandeln zurzeit mit der Arbed S.A. über einen Aktientausch. Dieser würde eine Zusammenführung beider Unternehmensgruppen zu einem der größten Stahlkonzerne der Welt bewirken. Der Vorstand hat gegenüber den Großaktionären erklärt, dass er dem geplanten Zusammengehen aufgeschlossen gegenübersteht.«

Chaos bricht aus

Wieder vergeht ein Tag. Nun kocht die Chose in der Gegend hoch. Die HANNOVERSCHE ALLGEMEINE ZEITUNG aus dem DDVG-Verbund titelt: »Metaller und Ministerpräsident wussten nichts von Salzgitter-Deal« und fragt hämisch: »Hat Finanzminister Aller ein eigenes Spiel betrieben?« Ministerpräsident Glogowski sei »aus allen Wolken gefallen«, als er erstmals von dem Deal erfahren habe.

Unter der Überschrift: »SPD-Fraktionschef kritisiert Salzgitter Vorstand« gibt die BRAUNSCHWEIGER ZEITUNG Sigmar Gabriel Gelegenheit zur Stellungnahme: Die Informationspolitik der Konzernführung rufe bei ihm den Eindruck hervor, »dass da gepokert wird«. Sekundiert von meinem Vorstandskollegen Arbeitsdirektor betont er: »Es kann keine weiteren Verhandlungen geben, ohne dass die Leute, die da verhandeln, umgehend alle Karten auf den Tisch legen. So kann auch die NordLB nicht in einem montanmitbestimmten Unternehmen mit den Betriebsräten und Aufsichtsratsmitgliedern umgehen.« In der gleichen Zeitung legt Glogowski am 16. Februar 1999 nach: Dass es Sondierungsgespräche gegeben habe, sei ihm ebenso wie den Arbeitnehmervertretern bekannt gewesen. Von einem Dissens zwischen ihm und Finanzminister Heinrich Aller (SPD) könne deshalb keine Rede sein.

Die Galgen-Show
oder: Vertauschte Rollen

Am 16. Februar 1999 kommt es zum Showdown auf dem Stahlwerksgelände in Salzgitter. Gegründet wurde das Stahlwerk bekanntlich von den Nazis unter dem Namen Hermann-Göring-Werke Drütte. Gegen Ende des Krieges fungierte es als Außenstelle des KZ-Neuengamme. 3.500 Häftlinge verloren in dem Stahlwerks-KZ ihr Leben. In der Halle Z, die damals schon stand, dicht neben den ehemaligen Zellenblocks des KZ-Drütte, veranstaltet die IG Metall eine öffentliche Galgen-Show. Tausende Mitarbeiter, mehrere Dutzend Presse- und Fernsehleute und Mitglieder der regionalen Politikprominenz sind anwesend.

Vor 5.500 Mitarbeitern – Hauptagitatoren sind ausgerechnet der Kollege Arbeitsdirektor und IG Metall-Vorstand Schmitthenner –, wird mir vorgeworfen, die Hütte heimlich an die Arbed verkaufen zu wollen. Ein Vorwurf, der an Dreistigkeit schon nicht mehr zu überbieten ist, nachdem die neoliberalen Genossen Glogowski und Gabriel das Unternehmen – koste es, was es wolle – panikartig loswerden wollten.

Als ich dann ansetze, die tatsächlichen Zusammenhänge zu erläutern, machen Hunderte straff organisierte IG Metaller mit ihren Trillerpfeifen in den ersten Reihen einen Höllenlärm. Man verhindert auf diese Weise sehr wirkungsvoll die Verbreitung missliebiger Informationen. In diesem Fall die Verbreitung der Wahrheit. Hauptmatadore der Lügentruppe sind tatsächlich mein Kollege Arbeitsdirektor und der IG Metall-Vorstand Schmitthenner. Beide stehen auch schon zu Beginn der Veranstaltung auf der Rednerliste und warten nur noch auf ihre Stichworte.

Ich hatte mich mit meinem Einsatz für die Rückgabe des milliardenschweren staatlichen Immobilienvermögens bei den Spitzen der IG Metall unbeliebt gemacht. Die IG Metall wollte zukünftig auch Einfluss haben in dem neuen Geschäftsfeld der

Preussag AG, dem Tourismus. Um diesen neuen Reisekonzern aufzubauen, brauchte man die ehemals staatlichen Milliarden. Dass man dazu die Stahlarbeiterwohnungen verscherbeln musste, war leider ein unvermeidlicher Kollateralschaden.

Ich wusste außerdem viel zu viel über die vielfältigen ungesetzlichen Verfehlungen des Arbeitsdirektors innerhalb des Unternehmens, hatte sie zu allem Überfluss sogar noch schriftlich dokumentiert. Mein Wissen um unsägliche Vorgänge im Umfeld der WestLB/Preussag-Gruppe tat ihr Übriges. Zudem hatte ich auch das alles schriftlich dokumentiert.

Als typische Mitläufer hatten mein Kollege und IG Metall-Vorstand Schmitthenner zudem gemerkt, dass die Schlacht um das Wohnungsvermögen der alten Salzgitter AG an meiner Seite vorerst zumindest verloren schien.

Flugs war man zur anderen Seite übergewechselt – zur Preussag AG und vertrat deren Interessen. Ich war nun für beide IG Metaller der Bonze, den man öffentlich verprügeln durfte. Die Wahrheit und die Fakten spielten dabei keine Rolle, waren sogar extrem hinderlich. Die Regionalpresse spielte das trübe Spiel tapfer mit. Im Interesse der Bonzen, denen man in Zukunft zu dienen hatte. Merke: Wenn ein Arbeiterverräter sich von mächtigen Kapitalisten hat instrumentalisieren lassen, tarnt er den Verrat, indem er einen weniger mächtigen Kapitalisten zum Sündenbock macht. Frei nach der Devise: Was ich mache, dafür sollst du mir büßen!

Die Krönung der Show war ein Galgen, an dem eine Puppe symbolisch aufgehängt wurde, umrahmt von Plakaten mit Aufschriften wie »Selenz hat fertig« und der Aufforderung »Teert und federt Selenz«. So ist noch kein ehemaliges KZ geschändet worden. Die Galgenfrist, die man mir über die HANNOVERSCHE ALLGEMEINE ZEITUNG – angeschoben vom Ministerpräsidenten höchstpersönlich – bereits am 26. November 1998 prophezeit hatte, war damit im wahrsten Sinne des Wortes abgelaufen. Eine derartige Schändung eines ehemaligen KZ im Rahmen einer CDU- oder FDP-Veranstaltung hätte die ganze Republik aus den Angeln gehoben. So waren es aber »nur« Mitglieder der SPD und der IG Metall. Die zuständigen Strafverfolger übersahen daher geflissentlich die Volksverhetzung und die Schändung der blutgetränkten Stätte der Nazigräuel. »Die Täter sind nicht zu ermitteln«, so die lapidare Feststellung der Genossen-Staatsanwaltschaft Braunschweig.

In unmittelbarer Nähe des IG Metall-Galgens hatten in der Nazizeit SS-Schergen zwei KZ-Häftlinge direkt an ihrem Arbeitsplatz, der Munitionsfertigung, aufgehängt. Ihnen hatte man Sabotage vorgeworfen. Diese Szene ist im bronzenen Stadtmonument von Prof. Jürgen Weber in der Fußgängerzone von Salzgitter-Lebenstedt lebensgroß nachgebildet. Jeder Salzgitteraner kennt die eindrucksvolle Darstellung des Galgen-Mordes auf dem Werksgelände.

Nach der öffentlichen Veranstaltung sagte mir ein Journalist, ich hätte Glück gehabt, dass in der Halle Z kein Holz vorhanden gewesen sei. Sonst hätte man mich anno 1999 auch leicht an Ort und Stelle »abfackeln« können. »So ähnlich muss die Stimmung im Sportpalast gewesen sein«, meinte er, »wenn Goebbels den Massen einheizte.«

Letzte Klärungen

Mit Schröder in Moskau

Am 18. Februar 1999 trifft sich ein kleiner, exklusiver Zirkel der bundesrepublikanischen Managerelite auf dem Flughafen Hannover. Der neue Kanzler bricht auf, zu seinem ersten offiziellen Staatsbesuch nach Russland. Der Airbus der Bundesregierung wartet schon auf dem Rollfeld vor dem Abfertigungsgebäude. Gerhard Schröder hat mich gebeten mitzukommen, da Gespräche mit Vertretern der russischen Industrie auf dem Programm stehen.

Am gleichen Tag steht in der DEISTER-WESER-ZEITUNG unter der Überschrift »Selenz als Bauernopfer der Regierung« folgende Notiz: »SPD-Fraktionschef Sigmar Gabriel erklärte, Selenz habe zu verantworten, dass er während der zurückliegenden Gespräche mit der Arbed den Vertretern des Landes und der NordLB fälschlicherweise erklärt habe, der gesamte Vorstand sei mit dem Verlauf der Verhandlungen einverstanden ...« Der Mann ist eben ein Lügengenie!

Der Fall Salzgitter ist in aller Munde. Viele meiner Managerkollegen behandeln mich gleich wie einen Aussätzigen. Auch heute berichten alle Zeitungen noch von dem Tribunal, das am 16. Februar in Salzgitter stattgefunden hat. Warum ich denn einen Alleingang gegen die Eigentümer und den Betriebsrat unternommen habe, werde ich gefragt. Ich lege ihnen die Fakten dar. Dann kann es sich nur um eine infam eingefädelte Intrige gehandelt haben, meint einer stellvertretend für seine Kollegen.

Hans Müller, Chef der Commerzbank, hört sich meinen Bericht aufmerksam an. Er als Banker weiß Bescheid. Die Beschuldigung, jemand habe im Alleingang eine börsennotierte Firma verkaufen wollen, ist unhaltbar, denn rein rechtlich kann er das nicht, da er nicht Eigentümer der Aktienpakete ist.

Ich solle alles daran setzen, der Öffentlichkeit die tatsächlichen Zusammenhänge zu erläutern. Sonst liefe ich Gefahr, trotz der offensichtlichen Lügen einen dauerhaften Imageschaden davonzutragen.

Die wahren Zusammenhänge in die Öffentlichkeit zu bringen, ist allerdings außerordentlich schwer. Die Öffentlichkeit wird nämlich informiert durch die öffentlichen Nachrichtenorgane. Die sind im Raum Hannover leider alle auf der Seite der SPD-Landesregierung. Herr Glogowski, der amtierende Ministerpräsident, hat kein Interesse daran, diese Hintergründe an die Öffentlichkeit zu bringen. Also kommt die Wahrheit nur schrittweise ans Licht, in homöopathischen Dosen.

Während meiner Gespräche mit den Managerkollegen treffen die Kabinettsmitglieder ein: Oskar Lafontaine, Werner Müller, Rudolf Scharping und Jürgen Trittin. Fischer fliegt mit einer anderen Bundeswehrmaschine nach Moskau. Gerhard Schröder selbst kommt – wie fast immer – mit ein wenig Verspätung. Die Stimmung zwischen den Ministern und dem Kanzler ist herzlich. Nur mit dem neuen Superminister Lafontaine scheint die Chemie nicht zu stimmen.

Gerhard hört zu

Die Abfertigungsformalitäten sind schnell erledigt. Die Reise ist vom Stab des Kanzleramts perfekt vorbereitet. Wir betreten den Airbus, nehmen unsere Plätze ein und schon hebt die große Maschine ab. Der Kanzler sitzt mit seinen Ministern vorne im First-Class-Abteil des Airbus. Hinter einer Zwischenwand sitzt der übrige Tross, bestehend aus den Gästen aus der Industrie, den Beamten und der begleitenden Presse. Zusammen mit Dr. Hendrik Napp, Mitgesellschafter der Luftwerft Lemwerder und persönlicher Freund von Gerhard Schröder, sitze ich im vorderen Abteil. Kurz nach dem Abheben der Maschine bittet Gerhard mich, ihm zu berichten, was da in Salzgitter zwei Tage zuvor abgelaufen ist. Ich erzähle ihm die ganze Story und er hört sehr aufmerksam zu.

Besonders interessant findet er die Verbrüderung zwischen

seinem Nachfolger Glogo, auch genannt Gerd II, und seinem persönlichen Intim-Feind Friedel Neuber, dem »Paten« von der Ruhr. »Das hätte ich mir denken können«, so sein Kommentar. »Aber ihr seid doch so gut aufgestellt«, wendet der frischgebackene Kanzler ein. »Das is doch gar nicht nötig. Zumindest nich in der Eile. Warum will Glogo denn unbedingt die Anteile verkaufen?«

»Es ist nicht nur Glogo, auch die NordLB ist in Panik und will so schnell wie möglich wieder aus ihrem Engagement raus. Nach der Torpedierung des Börsenganges sitzen die auf unseren Aktien wie auf heißen Kohlen«, sage ich ihm.

»Aber Bodin hat die Sache doch voll im Griff. Sacht er mir zumindest immer«, so der Kanzler, »die Salzgitter-Aktien sind doch gar kein Problem.«

»Wahrscheinlich sagt Herr Bodin anderen etwas ganz anderes«, entgegne ich.

»Haste wohl Recht. Wird wohl so sein«, so der Kanzler mit einem gewissen Kopfschütteln. »Die Leute sagen mir halt nich immer die Wahrheit.«

»Das ist wohl wahr, aber das weißt du doch, oder?«

»Naja, manchmal möchte man schon mal die Wahrheit hören, zumindest von bestimmtem Leuten. Man muss sich wohl immer seinen Teil dabei denken.«

»Das kannst du laut sagen«, pflichte ich ihm bei. »Zwischenzeitlich hat Glogo nämlich den verschärften Gedächtnisschwund erlitten. Plötzlich kann er sich gar nicht mehr daran erinnern, dass er noch vor Tagen die Salzgitter AG lieber heute als morgen verkaufen wollte.«

»Das is irgendwie typisch für ihn«, meint Vorgänger Gerd I zu seinem Nachfolger Glogo, schaut mit bösem Blick schräg nach oben und schüttelt den Kopf.

Ich erläutere ihm weiter die Hintergründe. Meine Kritik am neuen Fraktionsvorsitzenden Gabriel überrascht ihn nicht. Er teilt meine Einschätzung der Eigenschaften und Eigenheiten des Herrn Gabriel voll und ganz.

Glogo hatte gerade in den letzten Tagen von seinen Presseleuten verbreiten lassen, er müsse überall im Lande die Feuer austreten, nachdem sich Gerd I – Hals über Kopf – nach Bonn abgesetzt habe. Alfred Tacke, der zu dieser Zeit noch eine Art Wohngemeinschaft mit Gerhard auf dem Petersberg bildet und morgens gelegentlich mit ihm im Hubschrauber in Bonn einfliegt, berichtete mir noch am selben Tag, dass Gerhard vor Zorn an der Decke und »gar nicht mehr runterzukriegen war«.

Bis kurz vor der Landung in Moskau unterhalten wir uns über die Lage in Salzgitter und vor allem über die in Hannover. Gerhard hat offensichtlich nicht allzu viele Leute in der alten Heimat, denen er noch vertraut. Zwischendurch werden ihm immer wieder Schreiben gereicht, die er überfliegt und mit knappen Kommentaren oder einem Achselzucken sofort an seine Mitarbeiter zurückgibt.

Gipfelroutine

In Moskau steht heute der EU-Russland-Gipfel an. Wir landen auf dem Moskauer Diplomaten-Flughafen. Der Kanzler und einige Minister fahren von dort mit Staatslimousinen in die Stadt. Gerhard wird sich bereits kurz nach der Ankunft in Moskau mit Jelzin, Primakow und Iwanow im Kreml treffen. Der Rest der Truppe wird mit Bussen erst einmal zum Einchecken ins Hotel »Baltschug Kempinski« gefahren. Dort finden erste Gespräche mit den deutschen Diplomaten vor Ort und einigen russischen Managern statt. Nach der Aufteilung in die verschiedenen Gruppen brechen wir dann von dort ebenfalls per Bus zu den Gesprächen im Wirtschaftsministerium auf.

Stundenlang wird mit den russischen Gesprächspartnern aus einigen Großbetrieben und Vertretern der zuständigen Ministerien verhandelt. Am Ende unterzeichnet Schröder – bereits lange im Vorfeld vorbereitete – Verträge. Das gemeinsame Kommuniqué ist auch schon fertig. Vom Wirtschaftsministerium geht es dann noch für etwa eine Stunde ins »Weiße Haus«, dem Regierungssitz. Dem sieht man keinerlei Spuren der heftigen Kämpfe und Brände mehr an, die das Gebäude bei dem Jelzin-Putsch Anfang der 90er-Jahre arg mitgenommen und seine Fassade in großen Teilen geschwärzt hatten.

Wodka und Gurken

Um 19 Uhr geben die russischen Gastgeber unter Leitung von Premier Primakow einen Empfang im Hotel »Solotoje Kolzo«. Es wird russisch-zünftiges Essen gereicht, mit viel Wodka aus Wassergläsern und ellenlangen Redeeinlagen, die durch Übersetzungspausen noch länger werden. Nur einer hat offensichtlich gar keinen Spaß an den leckeren, aber stets kalorienreichen Speisen und Getränken. Es ist unser neuer Außenminister Joschka Fischer. Er ist auf dem Schlankheits- und Kalorientrip und ernährt sich offenbar nur noch von Obst, Pflanzen und Wasser. Die kalorienarmen Gurken haben es ihm an diesem Abend besonders angetan.

Nach den Staatsempfang trifft sich zwischen Bar und Kamin im Hotel »Baltschuk« noch ein Kreis von Politikern, Journalisten und Managern. Ich werde laufend nach den Ereignissen in Salzgitter befragt. Staunend hören die Journalisten, was sich tatsächlich abgespielt hat. Einige wollen mir das nicht glauben. Gerhard Schröder bedeutet ihnen Einhalt. »Was der Selenz sacht, ist die Wahrheit, das is wirklich so.«

Schlau wie Oskar

Am nächsten Tag gehen die Gespräche weiter. Dabei komme ich mit Oskar Lafontaine ins Gespräch. Er interessiert sich für die Entwicklungen in der Stahlindustrie. Zum Mittagessen fahren wir in ein russisches Lokal in der Nähe der Moskwa. Oskar Lafontaine bittet mich an seinen Tisch. Er stellt sich schon nach kurzer Zeit als hochintelligenter Gesprächspartner heraus. Er will von mir alles über den Stahl wissen.

Ganz besonders interessiert ihn die Leistungsfähigkeit der Dillinger Hütte. Ich beschreibe ihm die Sonderstellung dieses Erzeugers von hochwertigstem Grobblech aus dem Saarland. Die Firma hat weltweit einen sehr guten Ruf. Aus ihrem Material entstehen hochfeste Rohre, Schiffe und komplexe Industrie-Anlagen. Auch metallurgische Finessen versteht er nach kurzer technisch-wissenschaftlicher Beschreibung.

Lafontaine ist auch auf chemisch-physikalischem Gebiet informiert. Innerlich ziehe ich den Hut vor diesem Mann und seinem Wissensdurst. Als ich ihm sage, solche Gespräche hätte ich bei Gerhard Schröder vermisst, meint er nur: »Der hat eben andere Interessen.« Ansonsten höre ich von ihm kein böses Wort über Gerhard. Der wiederum lässt seinen Kollegen und Parteivorsitzenden ostentativ links liegen. Die beiden unterhalten sich nicht miteinander, und das bei einem so wichtigen Termin. Das fällt nicht nur mir auf.

Das Kanzleramt schweigt

»Die Altlast des Kanzlers« heißt ein Artikel, der am 17. Februar in BERLINONLINE erscheint. Er beginnt mit den Worten: »Der Kanzler persönlich steht in seiner Schuld. Ohne die tatkräftige Unterstützung des Ex-Preussag-Managers Hans-Joachim Selenz wäre Gerd Schröder kaum so strahlend aus der Niedersachsenwahl hervorgegangen.« Am 27. Februar betitelt die FAZ ihren Artikel über die Salzgitter AG mit der Überschrift »Ein Unternehmen wird beschädigt«. Beim Stahlhersteller Salzgitter streiten sich Kapitaleigner und Arbeitnehmervertreter. Die Zeitung stellt fest, dass der Zwist über die umstrittenen Immobilien Hintergrund der Auseinandersetzung sei. Vordergründig werde mir seitens der Arbeitnehmervertreter vorgeworfen, mit dem Streit um das Milliardenvermögen der ehemals staatlichen Salzgitter AG dem Unternehmen zu schaden. Wie man allerdings einem Unternehmen und vor allem seinen Mitarbeitern schaden kann, wenn man sich um deren Immobilienbesitz kümmert, ist das eigentliche Rätsel dieses Skandals. Die Situation sei mittlerweile so angespannt, fährt das Blatt fort, dass eine Kampfabstimmung zwischen den Großaktionären um meine Abberufung als Vorstandsvorsitzender der Salzgitter AG nicht mehr ausgeschlossen werden könne.

Während dieses Monats stand ich in ständigem Kontakt zu Bodo Hombach, dem Kanzlerflüsterer, und hoffte auf ein Machtwort aus Gerhards Mund. Das blieb aber aus. Schließlich werfe ich am 6. März 1999 offiziell das Handtuch und trete als Vorsitzender des Vorstandes der Salzgitter AG zurück – auch um das Unternehmen vor weiteren Beschädigungen zu bewahren.

Am 11. März gibt Sigmar Gabriel in ungewohnter Offenheit in der BRAUNSCHWEIGER ZEITUNG zu: »Im Übrigen haben die Probleme des Unternehmens nicht mit den Arbed-Sondierungen zu tun. Diese sind genutzt worden, um Führungsprobleme im Vorstand zu lösen.« Unter der Überschrift »Stahl-Poker: ein Stück aus dem Tollhaus« heißt es am 13. März in der BILD-Zeitung: »Obwohl die Arbeitnehmer ihren Chef Selenz über die Arbed-Verhandlungen zum Rücktritt getrieben haben, sind sie bei der Vorbereitung einer Fusion am eifrigsten. Erst vor drei Tagen trafen sich die Salzgitter-Arbeitnehmer mit dem Arbed-Vorstand ...« Das HANDELSBLATT vom 17. März nennt die Vorgänge um meine Ablösung ein »unwürdiges Spiel«.

Wie unwürdig dieses Spiel war, erfahren die staunenden Betriebsräte des Werkes Peine am 23. März. Im Rahmen einer Sitzung mit den Belegschaftsvertretern lässt IG-Metall-Vorstand Schmitthenner die Hose runter. Und zwar komplett: Das mit der Arbed war ganz anders. Da haben die Hauptgesellschafter verhandelt, nicht Selenz. Der musste weg, weil er das Immobilienvermögen der Stahlarbeiter zurückforderte. Die Betriebsräte sind wie vom Donner gerührt.

Nachdem die »einfachen« Betriebsräte die Wahrheit erfahren hatten, machen sie ihren Herzen Luft. Ein Kollege »schämt« sich für die Veranstaltung – auf dem KZ-Gelände. Sie – die Kollegen – fühlen sich ausdrücklich »missbraucht«. »So geht man mit keinem Menschen um, wie man mit Dr. Selenz umgegangen ist.« Kollege Schmitthenner weist darauf hin, trotz aller Zeitungsmeldungen könne man den Kollegen sagen, die Kapriolen im Aufsichtsrat haben die Anteilseigner und nicht die Arbeitnehmervertreter veranstaltet.

Am 16. November 2000 gebe ich im Zuge einer Verhandlung um meine Rentenansprüche die Betrugsvorgänge innerhalb der Preussag AG bei der Staatsanwaltschaft Hannover erneut zu Protokoll.

Am 25. Juni 2000, nach einem offenem Brief des Kanzlers an Lothar Matthäus, schrieb ich einen langen Brief an den Kanzler, in dem ich die – ihm ja nur allzugut bekannten – Hintergründe meines Falls schilderte und ihn erneut auf eklante Rechtsverstöße aufmerksam machte. Die einzige Reaktion darauf kam von Alfred Tacke: Bist du wahnsinnig? Dass du die Sache mit Rau da reinbringst! Danach schickte ich noch ein paar weitere Briefe, die ganz ohne Resonanz blieben.

Zu der von der Landesregierung und der NordLB angestrebten Fusion mit der Arbed kam es nie, die Salzgitter AG ist bis heute ein eigenständiges börsennotiertes Unternehmen. Das ehemalige Wohnungsvermögen der Salzgitter AG, der Schatz im Rübenfeld, der durch den jahrzehntelangen Einsatz der Belegschaften erarbeitet worden war, hat sich im Nebel kriminell-illegaler Bilanzierungspraktiken und verfehlter Geschäftsspekulationen der Preussag unwiderruflich verflüchtigt, und niemand musste dafür Buße tun außer mir, der das verhindern wollte.

Dennoch gibt es Grund zur Freude – als gefragtes Sammelobjekt für renditeorientierte Privatanleger durchbricht die Salzgitter-Aktie im Sommer 2005 eine Kursmarke nach der anderen. Heute ist die Salzgitter AG ein eigenständiges börsennotiertes Unternehmen. Hätte die NordLB es damals nicht so eilig gehabt, die vermeintlich wenig zukunftsfähigen Aktien abzustoßen, wäre aus der anfänglichen Scheinprivatisierung doch noch eine Erfolgsstory für die Niedersächsische Landesbank geworden. Aber so viel Erfolg ist vielleicht gar nicht zu verkraften für parlamentarische Entscheidungsträger, die nicht einmal wissen, wie viele Nullen an einer Milliarde hängen. Die verbrennen womöglich lieber Geld, anstatt es zu verdienen.

Epilog: Mensch, Gerd, wo bist Du?

Gerhard, jetzt nehme ich Dich mal öffentlich ins Gebet. Das muss sein, denn auf meine persönlichen Briefe hast Du ja nie geantwortet.

Ich respektiere Deinen Mut und Deine Entschlossenheit, Deine rhetorischen Listen und psychologischen Finten gegenüber denen, die über Dir stehen und die Du sicher oft über hast.

Ich hielt Dich für einen vertrauenswürdigen Bundesgenossen während des einen Jahres, als wir gemeinsam durch dick und dünn gingen. Unsere Ziele waren so gleich wie unsere Motive verschieden. Ich wollte meine Firma retten, Du wolltest Kanzler werden. Ich kämpfte für optimale Bedingungen, unter denen das Unternehmen weiter wachsen konnte und das Milliardenvermögen der Stahlwerker in der Region Peine/Salzgitter. Wir hatten eine gemeinsame Vorstellung und ein gemeinsames Ziel. Alle Bestrebungen, dies Ziel zu unterlaufen, haben wir mit legalen, wenn auch unüblichen Mitteln unterbunden.

Gemeinsam haben wir Ängste überwunden. Die Nummer mit Neuber werde ich nie vergessen. Da bist Du über Dich hinaus gewachsen. Hast Deine »Parteifreunde« und Gegner eiskalt ausgekontert. Es hat Dir sogar erkennbar Spaß gemacht. Du warst am Ende sehr stolz auf Dich. Die Fähigkeit, drohende Niederlagen in überraschende Siege zu verwandeln, hat Dir am Ende die Kanzlerschaft gebracht – sogar zweimal. Gegen so einen wie Dich hatte so einer wie Stoiber keine Chance. Deine Show ist nun mal erste Sahne. Aber ob das allein für die nächste Runde reicht?

Du hast an diesem Tag, dem 9. Januar 1998, die Moral-Karte gezogen. Die gelbe Karte, um in der Fußballersprache zu bleiben. Die rote Karte blieb stecken und steckt bis heute. Du hast gewusst, was danach mit mir passierte – und hast nicht eingegriffen. Obwohl Du wusstest, dass man mich auch Deinetwegen abgestraft hat. Nennst Du das Gerechtigkeit, wenn von zweien, die eine gemeinsame Sache durchgezogen haben, der eine in den Olymp geht und der andere auf verlorenem Posten steht? Ein Telefonanruf von Dir hätte alles geregelt.

Hattest Du wenigstens Gewissensbisse? Als Volljurist im Wartestand sind Dir die kriminellen Betrugsvorgänge innerhalb der WestLB/Preussag-Gruppe, die ich aufgedeckt und dokumentiert habe, bekannt. Doch auch abgesehen von Recht und Gesetz, auch die Moral hatten wir auf unserer Seite. Dein Slogan damals im Landtagswahlkampf in Niedersachsen: »Die Zukunft braucht eine gute Politik. Gute Politik heißt: kompetent entscheiden, auch in schwierigen Zeiten. Das geht und es geht auch menschlich.«

Das glaube ich trotz aller Enttäuschungen noch immer. Manchmal stelle ich mir vor, wie die Väter des Grundgesetzes im Grabe rotieren, wenn sie sähen, was aus ihren Ideen und Idealen in diesem unserem Lande geworden ist.

Ebenso, wie ich als Vorstandsvorsitzender eines Unternehmens meine Privatgespräche von der Firma aus ordentlich abrechnete, habe ich auf der Korrektheit von Bilanzen bestanden, bevor ich sie unterschrieb. Das würde ich immer wieder tun. Als Gangster in Nadelstreifen wurde ich nicht eingestellt.

Ich frage mich nur: Warum hast Du, der das Zeug dazu hat, aus »Paten« kleine Würstchen zu machen, als Kanzler nicht einfach damit weitergemacht? Wer hat Deinen kämpferischen Elan gebremst? Waren unsere gemeinsamen Aktivitäten für Dich letztlich nur Mittel zum Zweck, Kanzler zu werden? Oder ging es Dir auch um den Rest der Welt?

Die Geschichte hat uns bis heute gelehrt: Der Burgfriede mit den Gangstern in Nadelstreifen ist fürs Erste gescheitert – die halten sich einfach nicht an Versprechen, wie Du vielleicht geglaubt hast oder immer noch glaubst. Gangstern kannst Du nur begegnen, indem Du Ernst machst mit dem Rechtsstaat. Egal, wer sie sind. So wie damals.

Um als Kanzler zu überleben, musstest Du offenbar Frieden schließen mit den »Parteifreunden«, die Dich kurz zuvor noch erledigen wollten. Ich war das Bauernopfer, das in der Schlacht fallen musste, damit Du stehen bleibst. Ein Kollateralschaden des Weltgeistes sozusagen. Die Hintergründe meines Falls mussten daher vertuscht werden. Das verstehe ich menschlich, auch wenn ich es politisch und juristisch nicht gutheiße und daher dagegen angehe.

Vertuschungen funktionieren nur so lange, wie sich alle gegenseitig in Schach halten. Wie jeder gerade so viel vom Dreck am Stecken des anderen sieht, um ihn nicht als Verräter fürchten zu müssen. Doch wenn das ganze System kippt und ein größerer Machtwechsel ansteht, kommt die Stunde der offenen Messer – und die Stunde der Offenbarung.

In kritischen Stunden bist Du stark – das zeigt die Geschichte, die Dich zum Kanzler machte. Bleibe bei Deinen Stärken und lasse Dir nicht nur von Deinen Gegnern zeigen, wie man sie ausbauen kann. Als Mann des Rechtsstaats wirst Du immer Freunde haben – auch wenn sie nur mit den Waffen der Worte kämpfen. Unser Land braucht dringender als alles andere klare und eindeutige Vorgaben. Recht und Gesetz wären dabei eine wichtige Orientierung, insbesondere dann, wenn für die Bürger erkennbar würde, dass sich alle gleichermaßen daran orientieren und auch alle mit denselben Konsequenzen bei Rechtsverstößen und Gesetzesbrüchen rechnen müsssen. Zeige den kriminellen Bossen über Dir endlich die rote Karte!

Peine, im August 2005

Dein Hans-Joachim

Personenregister

Die beteiligten Personen von A bis W

ADAMS, PETER: Ex-Aufsichtsratschef der neuen Salzgitter AG, erster Kapitalvertreter in Deutschland »auf der Arbeitnehmerbank« S. *104, 112, 114*

ARDELT, Dr. MAXIMILIAN: Preussag-Chef um Haaresbreite (vorher Preussag-Vorstand) S. *23*

AUST, STEFAN: SPIEGEL-Chefreakteur S. *89*

BERNS, GÜNTER: Jäger, Ex-Sparkassenvorstand in Neuss S. *35*

BEZZENBERGER, Dr. GEROLD: Ex-Mitglied des Vorstands der Deutschen Schutzvereinigung für Wertpapierbesitzer e.V. (DSW), DSW-Ehrenvorsitzender S. *77*

BIEGER, ULRICH: Ex-Pressesprecher der Salzgitter AG S. *105*

BODIN, Dr. h. c. MANFRED: Ex-Nord LB Chef, Ex-Aufsichtsrat Berliner Bankgesellschaft S. *51, 60, 105, 110, 115, 126, 135*

BRUNKE, Dr. DIETER: Ex-Finanzvorstand der Salzgitter AG/Preussag AG S. *17, 70, 73–74*

CLEMENT, WOLFGANG: »Super-Minister« in Berlin, Ex-NRW-Ministerpräsident S. *74, 89, 90, 92*

CURDT, Dr. HANS ARMIN: Ex-NordLB-Vorstand S. *51–52, 72*

DÜRR, HEINZ: u. a. Ex-AEG- und -Bahn-Chef, Ex-Aufsichtsrat der Preussag AG S. *30, 76–77, 81*

DÜVEL, HASSO: IG-Metall-Boss in Brandenburg S. *103*

DUNKEL, Dr. GUNTER: Mitglied des NordLB-Vorstands S. *110, 114–115, 119, 126*

EPPERS, HERMANN: CDU-MdL in Niedersachsen S. *40–41*

EICHNER, HERMANN: Treuarbeit/C&L/PwC-Wirtschaftsprüfer der Preussag/TUI AG S. *26*

FEUERHAKE, RAINER: Preussag/TUI-Finanz-Vorstand, Aufsichtsrat Noell/Babcock/HDW S. *30, 70, 72–74, 76, 81, 95, 97*

FRENZEL, Dr. MICHAEL: Preussag/TUI-Chef S. *23–26, 29–30, 34, 37–38, 41–46, 48–54, 58–61, 64–67, 73, 75–77, 86, 91, 94–95, 97, 104, 106, 113, 115, 123–124*

GABRIEL, SIGMAR: Ex-Ministerpräsident Niedersachsen, davor und danach SPD-Fraktionschef S. *117, 120–123, 125–126, 128–130, 133, 135, 139*

GEISLER, Prof. Dr. GÜNTER: Ex-Arbeitsdirektor Preussag Stahl AG/ Salzgitter AG S. *29–30, 37, 42, 51, 103, 112*

GLOGOWSKI, GERHARD: Ex-Ministerpräsident Niedersachsen, davor Innenminister S. *31, 50–52, 112–114, 117–119, 122–124, 126, 129–130, 134–135*

GROSSMANN, Dr.-Ing. JÜRGEN R.: Eigentümer der Georgsmarienhütte-Gruppe S. *96*

HARTZ, Dr. h. c. PETER: Ex-Arbeitsdirektor Volkswagen AG, Regierungsberater S. *7–8, 87–88, 111*

HEYE, UWE CARSTEN: Ex-Regierungssprecher Hannover/Bonn/Berlin S. *74*

HOMBACH, BODO: WAZ-Geschäftsführer, Ex-Wahlkampfbeauftragter der SPD, Ex-Geschäftsführer Preussag-Handel GmbH, Ex-Wirtschaftsminister NRW, Ex-Kanzleramtsminister, Ex-Balkanbeauftragter S. *37, 50, 62, 69, 74, 84, 87, 90–92, 103, 108, 113, 121, 127, 138*

HORRMANN, HORST: Ex-Kultusminister Niedersachsen S. *46*

KÖSTERS, JÜRGEN: Mitglied des NordLB-Vorstands S. *96–97*

KRAJEWSKI, Dr. GUNTER: Ministerialdirigent im niedersächsischen Finanzministerium Jürgen Krumnow, Ex-Mitglied des Vorstands Deutsche Bank AG S. *71, 114, 124*

KUHNT, Dr. DIETMAR: Ex-Chef der RWE AG S. *77–78*

KUN, JOSEF: Inhaber einer professionell-kriminellen Firmengruppe S. *27*

LAFONTAINE, OSKAR: Ex-Ministerpräsident Saarland, Ex-SPD-Chef, Ex-Finanzminister S. *85, 134, 137–138*

LEHMANN-TOLKMITT, Dr. SIGURD: Ex-Chef der Preussag-Anlagenbautochter Noell S. *24*

LIESEN, Dr. KLAUS: u. a. Ex-Vorsitzender des Aufsichtsrates der Volkswagen AG S. *76*

MARKWORT, HELMUT: Focus-Chefredakteur S. *89*

MAUERSBERG, Dr. WOLFGANG: Ex-Chefredakteur der SPD-gesteuerten Hannoverschen Allgemeinen Zeitung (HAZ) S. *114–115*

MEINE, KLAUS: Mitglied der »Scorpions« S. *89*

MENEM, CARLOS: Ex-Präsident Argentinien S. *107*

MÖLLER, Dr. ERWIN: Ex-Preussag-Chef S. *15, 20*

MÜLLER, HANS: Commerzbank-Chef S. *133*

MÜLLER, WERNER: Ex-Wirtschaftsminister, Vorstandsvorsitzender Ruhrkohle AG, S. *134*

MÜNTEFERING, FRANZ: SPD-Chef, Ex-Vorsitzender der NRW-SPD S. *90*

NAPP, Dr.-Ing. HENDRIK: Ex-Preussag-Geschäftsführer, Ex-Mitgesellschafter der Luftwerft Lemwerder S. *24–25, 134*

NEUBER, Dr. h. c. FRIEDEL: Ex-WestLB-Chef, Ex-Aufsichtsrats-Chef

Preussag/TUI AG, Babcock Borsig AG und RWE, »Der Pate«, »Gangster in Nadelstreifen« S. *10, 16, 18–19, 21–23, 26–30, 34–35, 37 bis 38, 44, 46, 49–51, 53, 55, 58, 61–67, 70, 73, 75–80, 82–83, 86, 89, 95, 97, 99–100, 104–106, 108, 115, 124, 135, 141*
PETERS, JÜRGEN: Ex-IG-Metall-Chef Niedersachsen, IG-Metall-Boss S. *29, 63, 136*
PIEPER, ERNST: Ex-Salzgitter/Preussag-AG-Chef S. *14–16, 18, 20–25, 41, 45, 54*
PIËCH, FERDINAND: VW-Chef, derzeit Vorsitzender des Aufsichtsrates S. *87–89, 117–118*
PORSCHE, FERDINAND: Ex-VW-Chef, Mit-Gründer des Volkswagenwerkes S. *87–88*
RAU, JOHANNES: Ex-Bundespräsident, Ex-NRW-Ministerpräsident S. *10, 27–28, 37, 43, 48, 52, 54, 63, 74, 90, 92, 99–100, 114, 140*
RITZMANN, Dr.: Generalbevollmächtigter der Preussag/TUI AG S. *95.*
SASSMANNSHAUSEN, Dr. GÜNTER: Ex-Preussag-Chef, Ex-Aufsichtsratsvorsitzender der staatlichen Salzgitter AG S. *15–16, 51, 78, 91*
SCHMIDT, RENATE: bayrische SPD-Chefin, Familienministerin S. *89.*
SCHARPING, RUDOLF: Ex-Verteidigungsminister S. *134*
SCHMITTHENNER, HORST: Ex-Mitglied des geschäftsführenden Vorstands der IG-Metall, Ex-Vize-Aufsichtsratsvorsitzender Preussag/TUI AG und Stahl AG/Salzgitter AG S. *29, 55, 102, 112–114, 130 bis 131, 139*
SCHRÖDER, GERHARD: Kanzler der Bundesrepublik Deutschland, Ex-Ministerpräsident von Niedersachsen, Ex-SPD-Vorsitzender, Rechtsanwalt i. W. (in Wartestellung) S. *10, 13, 22, 25, 31–33, 36–39, 42, 45–51, 60 bis 62, 64–74, 82–99, 104–106, 108, 111–112, 122, 133–134, 136–138, 141*
SCHRÖDER-KÖPF, DORIS: Ex-Journalistin, Ehefrau von Gerhard Schröder S. *36, 62–63, 87*
SCHRÖDER, HILLU: Ex-Frau des Kanzlers S. *87*
SCHULTZE, Dr. h.c. WOLFGANG: Ex-MdL (SPD), Ex-IG-Chemie-Vorstand, Ex-Arbeitsdirektor Preussag AG S. *40–42, 45*
SELENZ, Prof. Dr.-Ing. HANS-JOACHIM: Ex-Chef Preussag Stahl AG/Salzgitter AG, Ex-Mitglied des Vorstands Preussag AG und EDAG S. *36, 52, 61, 64–65, 81, 91–93, 102, 125–126, 131, 133, 137–139*
STÄHLER, Dipl.-Ing. KURT: Ex-Chef Preussag Stahl AG, Ex-Mitglied des Vorstands der Preussag AG S. *20*
STEINMEIER, FRANK-WALTER: Chef des Kanzleramtes, Ex-Leiter der Niedersächsischen Staatskanzlei S. *111–113*
STRAHAMMER, PETER: Ex-Chef von Voest Alpine S. *54–55, 86*
STOLPE, MANFRED: Ex-Ministerpräsident von Brandenburg, Bundesverkehrsminister S. *100, 103*
TACKE, Dr. ALFRED: Ex-Staatssekretär Wirtschaftsministerium Han-

nover/Bonn/Berlin S. 31, 40–41, 45, 63, 66, 68, 70–71, 73, 99–100, 105, 111–112, 136, 140

TAMRAZ, ROGER: Öl- und Waffenhändler aus den USA S. 107

TIETMEYER, HANS: Ex-Staatssekretär Finanzministerium Bonn, Ex-Bundesbankpräsident S. 14, 107

TYLLE, H. D.: Künstler aus Kassel S. 121

VRANITZKY, FRANZ: Ex-Kanzler von Österreich, WestLB-Consulent (nicht nur in Österreich), Aufsichtsrat-Preussag/TUI AG S. 86, 110, 119

VOSS, BERND W.: Ex-Vorstandsmitglied der Dresdener Bank AG S. 77.

WEBER, Prof. JÜRGEN: Künstler aus Braunschweig S. 27, 132

WICKERT, ULRICH: Tagesschausprecher S. 89

WINDMÖLLER, ROLF: Chef von Pricewaterhouse (Pw) Deutschland, später Pricewaterhouse Coopers (PwC) S. 26

WULFF, CHRISTIAN: Ministerpräsident Niedersachsen, Ex-CDU-Oppositionsführer S. 116–117